세계사를 뒤흔든

5가지 생체실험

세계사의 변곡점에서 펼쳐진
생체실험의 뒷이야기
세계사를 뒤흔든
5가지
생체실험
김서형 지음
믹스커피
MIXCOFFEE

인류의 역사를 새로운 관점으로 보려는 시도

매년 4월 24일은 세계 실험동물의 날로, 1979년에 영국 동물실험반대협회(National Anti-Vivisection Society)에서 제정했다. 세계 실험동물의 날은 전 세계에서 연구 목적으로 발생하는 동물 희생을 종식하고, 동물실험을 대체하는 첨단기술을 찾기 위함이 목적이다. UN에서도 공식 기념일로 지정했다.

전 세계적으로 한 해에 동물실험으로 희생되는 동물의 수가 무려 5억 마리 이상이다. 우리나라 역시 동물실험으로 희생되는 동물의 수가 매년 증가하는 추세다. 2022년 통계에 따르면 전년 대비 73만 마리나 증가했다. 그중 중증 이상의 고통을 동반하는 동물실험이 전체의 70% 이상을 차지한다.

지금까지 사람들은 의약품이나 화장품을 만드는 과정에서 수반되는 동물실험을 필수 과정이라 여겼다. 안전성과 효능을 확인하기 위해서다. 그러나 전문가의 견해에 따르면 인간과 동물이 공유하는 질병은 2% 미만이다. 게다가 동물실험에 이용된 동물의 99% 이상이 안락사에 처해진다. '동물실험은 학대'라는 지적과 비판이 늘면서 줄기세포 등 세포를 활용한 실험이 활성화하고 있다.

동물실험뿐만 아니라 사람을 대상으로 시행하는 연구도 존재한다. 살아 있는 인간을 대상으로 체내 혹은 체외 실험을 하는 것인데, 이를 생체실험이라 부른다. 과거에는 세균이나 바이러스 또는 백신을 개발한 후에 자신을 임상실험의 대상으로 삼는 경우가 많았다. 그러나 생체실험은 피실험자의 생명이나 신체, 정신, 인권 등을 손상시키거나 침해할 우려가 있으므로 신중해야 한다.

인류의 역사를 보면 비합법적이고 강제적인 생체실험 때문에 논란을 일으킨 경우가 많다. 그렇다면 생체실험은 언제부터 시작된 것일까? 생체실험을 통해 어떤 지식과 정보를 얻었을까? 당대에는 생체실험을 어떻게 생각했을까? 그리고 우리는 생체실험을 어떻게 평가할 수 있을까?

이 책을 통해 고대부터 현대에 이르기까지, 인류 역사에서 시행되었던 다양한 생체실험을 살펴보고자 한다. 단순히 생체실험의 내용만 살펴보는 것이 아니라, 당시 역사적 배경을 분석하고 생체실험이 지니는 의미를 평가한다. 이를 통해 생체실험이 우리에게 미친 긍정적인 영향과 논란을 살펴봄으로써, 생체실험이 우리에게 전달하는 메시지를 균형 잡힌 시각에서 바라보고자 한다. 생체실험을 통해 인류의 과거와 현재, 그리고 앞으로 나가야 할 방향성을 살펴보고 인류의 역사를 새로운 관점에서 보려고 한다.

김서형

차례

PART 2

호기심과 잔혹함의 경계, 프리드리히 2세의 생체실험

PART 3

나치가 자행한 생체실험의 끔찍한 전말

PART 4

생체실험과 의학 발전을 결부시킨 731부대의 만행

PART 5

백인 우월주의가 낳은 터스키기 생체실험의 비극

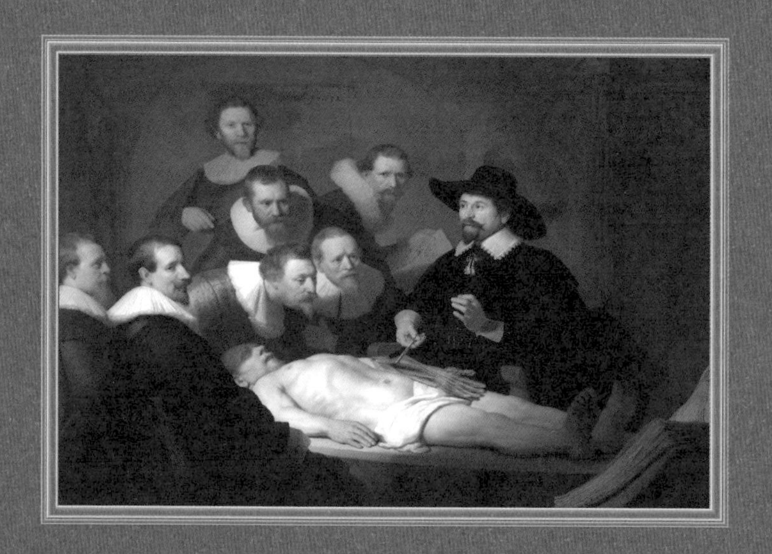

PART 1

생체실험으로부터
발전한 고대 의학

최초의 동물실험, 알크마이온

1

만물의 근원, 수(數)

'직각삼각형의 세 변을 a, b, c라고 하고, c에 대한 각이 직각이면 $a^2+b^2=c^2$이다'라는 공식은 매우 유명하다. 이 공식은 그리스의 수학자 피타고라스(Pythagoras)가 처음 증명했기 때문에 흔히 '피타고라스의 정리'라고 불린다.

피타고라스는 B.C.E(기원전) 6세기경에 활동한 수학자 겸 철학자다. 그리스 동부의 에게해(Aegean海)에 있는 사모스 상인이 아내와 함께 아폴론(Apollon) 신전을 참배해서 얻은 자식이 피타고라스다. 그의 이름은 '아폴론의 대변자'라는 의미다.

피타고라스는 전 세계를 돌아다니면서 지식을 쌓았다. 당시 사모아섬은 폴리크라테스(Polykrates)가 지배했다. 그는 통치자를 살해하고 동생을 추방해서 정권을 장악한 참주였다. 그가 주변 폴리스를 공격하고 독재정치를 하자 피타고라스는 이를 피해 오늘날 이탈리아 남부에 있는 크로톤으로 이주했다. 피타고라스의 명성이 널리 퍼지면서 많은 사람들이 그를 만나거나 가르침을 받고자 찾아갔다.

그를 따르는 사람들이 '피타고라스 학파'를 형성했고, 이 학파를 크게 2가지로 구분한다. 바로 '배우는 자'와 '경청하는 자'다. 배우는 자는 피타고라스의 학문적 업적을 수용하고 발전시키는 사람이고, 경청하는 자는 종교 혹은 윤리적 가르침을 받드는 사람이다. 여러 기록에 따르면, 이들은 자신이야말로 피타고라스의 정통 후계자라고 생각해 갈등이 심했다고 한다. 그러나 이들 간에도 공통점은 있었다. 바로 '수(數)'에 대한 생각이었다.

피타고라스는 세상의 근원을 수라고 주장했다. 그는 사물은 사라지지만 수는 변하지 않기 때문에 수학 지식을 가장 확실한 지식이라 보았다. 그래서 수학적 관계를 바탕으로 세상을 파악하고자 했다.

피타고라스의 제자인 필롤라오스(Philolaos)는 피타고라스의

라파엘로 산치오(Raffaello Sanzio), **〈아테네 학당〉, 1509-1511년 작품.** 라파엘로는 이탈리아 화가이자 건축가로, 르네상스에서 가장 중요한 인물 중 한 명이다. 그의 대표작인 〈아테네 학당〉을 보면 한가운데 붉은 옷을 입은 플라톤(Plato)이 묘사되어 있고, 오른쪽 아래에는 피타고라스가 있다. 책을 들고 무언가를 쓰고 있는 피타고라스의 아래쪽을 보면, 칠판에 테트락티스가 그려져 있다.

사상을 책 『자연에 대하여』로 남겼다. 이 저서에서는 "5각형에서 유래한 불과 물, 공기, 흙, 에테르가 조화를 이루어 우주를 형성한다"고 설명되어 있다. 수가 우주의 근본이라는 피타고라스 학파의 사상을 잘 보여준다.

피타고라스는 숫자 4를 중요하게 생각했다. 그는 숫자 1이 점을 의미하고, 숫자 2가 선을 의미하며, 숫자 3이 면을, 숫자 4가 입면체를 의미한다고 생각했다. 이 숫자를 순서대로 놓아서 생기는 삼각형은 가장 안정적인 형태였다. 이를 '테트락티스(Tetractys)'라고 부른다. 테트락티스에서 밑면의 수인 4는 정의와 질서를 의미하고, 숫자의 총합인 10은 완성을 의미한다.

피타고라스는 단순히 수학의 발전에만 영향을 미치지 않았다. 수학을 바탕으로 천문학과 고전역학이 발전하는 토대를 마련했다는 점에서 피타고라스는 자연철학과 근대 과학의 발전에 중요한 역할을 담당했고 의학 역시 마찬가지였다.

인체의 6가지 특성과 원소설

피타고라스의 제자 중에는 유명한 의사가 많았다. 그중 대표적인 사람이 알크마이온(Alkmaion)이다. 피타고라스가 학파를 이루었던 크로톤 출신으로 알려져 있다. 그는 서로 대조적인 특성의 균형을 통해 건강이 유지된다고 생각했다. 다시 말해 대조적인 특성이 부조화를 이루면 질병이 발생한다는 것이다.

이를 위해 알크마이온은 인체의 6가지 특성을 설정했다. 첫 번째는 건조함이고, 두 번째는 습함이며, 세 번째는 더움, 네 번째는 추움이다. 다섯 번째는 달콤함이고, 마지막 여섯 번째는 씁쓸함이다. 건조함과 습함이 조화와 균형을 이루면 건강하지만, 그렇지 않으면 병에 걸린다고 봤다.

알크마이온이 주장한 6가지의 인체 특성은 원소설에 많은 영향을 미쳤다. 원소설이란 세상의 모든 사물이 흙과 불, 물, 공기로 이루어졌다는 주장이다. B.C.E 5세기 말, 고대 그리스의 철학자 엠페도클레스(Empedocles)는 세상이 개별적인 성질을 가진 4개의 원소로 구성되었다고 설명했다. 그의 견해에 따르면 4개 원소 그 자체는 소멸하지 않으며 원소의 결합으로 만물이 생성과 소멸을 반복한다.

B.C.E 4세기경 그리스의 철학자 데모크리토스(Democritus)는 세상을 원자와 허공으로 구분했다. 원자는 단단한 성질이 있어 다른 것의 영향을 받거나 변하지 않으며 원자의 혼합물이 불과 물, 흙, 공기라고 주장했다. 이를 바탕으로 고대 그리

스의 철학자 플라톤은 4개 원소의 형상에 따라 물질의 성질이 결정된다고 믿었다. 특히 불과 물, 공기는 정삼각형이어서 서로 전환이 가능하지만, 흙은 정사각형으로 이루어져 변하지 않는다고 주장했다.

그리스의 철학자 아리스토텔레스(Aristotle)는 원소설을 완성했다. 그는 성질이 물질적으로 나타나는 것을 원소라고 생각했다. 이를 위해 4가지 성질을 설정했고, 이는 알크마이온이 주장한 6가지의 인체 특성 중에서 더움과 추움, 건조함, 습함이다. 원소는 4가지 성질 중에서 대립하지 않는 2가지 성질을 가지며 이것이 각각 불과 물, 공기, 흙이다.

아리스토텔레스는 플라톤과 마찬가지로 원소의 전환을 믿었다. 차갑고 건조한 성질의 얼음이 물로 변하는 것은 건조한 성질이 습한 성질로 변하기 때문이라고 생각했다. 그리고 원소에 위계질서를 부여했다.

원소 위계질서를 살펴보면 가장 아래에는 흙을 두었고, 그 위에는 물과 공기, 그리고 가장 위에는 불을 두었다. 더 나아가 천상의 세계에는 태양이나 별과 같은 천체의 영원한 운동을 가능하게 하는 제5의 원소인 에테르가 있다고 주장했다.

뇌 중심설을 주장한 최초의 의사

1908년에 스페인 북부 칸타브리아 국경 근처에서 동굴벽화가 발견되었다. 동굴 벽에는 들소, 말, 사슴, 매머드 등 여러 동물이 그려져 있었다. 약 1만 5천 년 전의 것으로 알려진 이 동굴벽화에는 특별한 그림이 있다. 바로 심장이 그려진 매머드다. 많은 전문가들은 수렵채집인이 심장의 작동 여부를 삶과 죽음의 경계로 인식했다고 생각했다.

고대 이집트인은 사람이 죽으면 영혼이 다시 돌아와 되살아난다고 믿었다. 그래서 시신을 보존해야 했고, 이를 위해 제작한 것이 바로 미라다. 미라를 제작할 때 심장을 제외한 장기는 모두 꺼내고 그 안을 다른 물질로 채웠다. 기록에 따르면 상류층은 시신에 송진이나 향료 등을 넣었고, 하류층은 돌이나 톱밥 등을 넣었다고 한다. 이후 시신을 건조시킨 다음 붕대를 감았다.

이들은 사후에 심장을 저울에 달아 죄를 판별하고, 그에 따라 저승이나 천국에 가는 것이라 믿었다. 그래서 고대 이집트에서 심장은 가장 중요한 장기였다.

심장이 인체에서 가장 중요한 장기라는 믿음은 서양에서도 마찬가지였다. 아리스토텔레스는 영혼과 마음이 심장에 있다

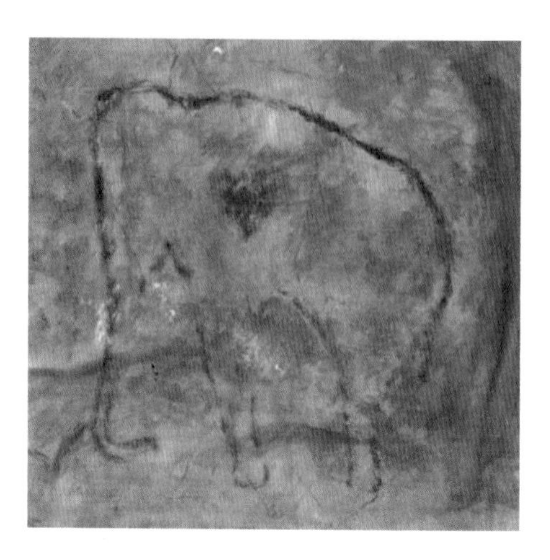

| 엘 판달 동굴벽화에 그려진 매머드의 심장.

고 주장했다. 생각과 감정을 조절하는 것 역시 심장이라고 생각했다. 그는 알 속의 병아리를 관찰하던 중 뇌보다 심장이 먼저 생기는 것을 보고는 생명체가 만들어질 때 가장 중요한 장기가 가장 먼저 생긴다고 생각했다. 아리스토텔레스에게 뇌란 심장에서 나온 혈액을 식히는 기관일 뿐이었다.

16세기에도 심장은 인체에서 가장 중요한 장기로 여겨졌다. 오늘날 멕시코 고원 일대에 세워진 아즈텍(Aztec) 제국은 당시 인구가 500만 명 이상인 강력한 국가였다. 대규모의 도시가 건설되었고 천문학이 발달했다. '태양의 돌'이라 불리는 달력도 유명했다. 그리고 이 달력에 표시된 것은 놀랍게도 인신공양 제사였다. 인신공양이란 살아 있는 사람을 의식용 제물로 바치는 것을 의미한다. 물론 오늘날 대부분의 국가에서는 인신공양을 살인죄로 본다.

아즈텍 제국의 인신공양에서 가장 빈번하게 등장하는 것이 있다. 바로 산 채로 가슴을 가르고 심장을 적출하는 것이다. 아즈텍 신화에는 토나티우라는 태양신이 등장한다. 아즈텍인은 토나티우에게 뜨거운 피와 살아 있는 심장을 바쳤고, 이에 대한 대가로 태양신이 아즈텍 제국의 번영을 약속했다고 믿었다. 이들에게 심장은 영원한 번영을 상징하는 장기였다.

그런데 이미 B.C.E 5세기경, 알크마이온은 심장보다 뇌가 더 중요하다고 믿었다. 그는 인체 중에서 머리가 가장 먼저 발달한다고 생각했고, 뇌야말로 감각의 중추이자 지능과 영혼을 담당하는 곳이라고 생각했다.

17세기 이후, 근대 의학과 해부학이 발달하면서 사고의 중심이 심장이 아니라 뇌라는 생각이 사회에 팽배했다. "나는 생각한다, 그러므로 존재한다"라는 말로 유명한 프랑스의 철학자 르네 데카르트(René Descartes)는 뇌가 동물의 모든 행동을 지배한다고 생각해서 직접 해부하기도 했다.

18세기 이탈리아 해부학자 루이지 갈바니(Luigi Galvani)는 개구리 뒷다리에 전기가 흐르는 금속이 닿으면 경련을 일으킨

다는 사실을 발견했다. 그의 동물전기 이론을 바탕으로 19세기에는 신경과 뉴런이 발견되면서 뇌 연구가 급속도로 발전했다.

오늘날 뇌 분야는 활발하게 이루어지는 연구 중 하나다. 현대 과학의 발전은 알크마이온의 주장을 입증할 뿐만 아니라 불가능해 보이는 문제를 해결하는 효과적인 수단이 된다.

인류 역사상 최초의 동물실험과 해부학

1930년에 미국의 심리학자 버러스 스키너(Burrhus Skinner)는 흥미로운 실험 기구를 만들었다. 일명 '스키너 상자(Skinner Box)'다. 스키너 상자 실험은 실험용 동물을 대상으로 빛, 소리 등 특정 자극에 대한 반응이나 동작을 학습시켜서 조건 형성을 살펴보는 실험이다. 실험용 동물이 정확한 행동을 하면 상자는 음식을 비롯한 보상을 주고, 부정확한 행동을 하거나 반응을 보이지 않으면 처벌을 가한다. 스키너 상자는 보상과 처벌이라는 메커니즘을 통해 조건에 따라 동물이 어떻게 반응하는지 연구하는 동물실험 장치다.

조건 형성과 그에 대한 반응 실험은 이미 20세기 초부터 시

| 1832년에 알크마이온에게 헌사한 청동 메달.

행되었다. 러시아의 생리학자 이반 파블로프(Ivan Pavlov)는 자신이 기르던 개한테 먹이를 줄 때마다 종을 울렸다. 그러던 어느 날, 먹이를 주지 않고 종을 울렸는데 개가 침을 흘리는 현상을 보았다. 이를 통해 조건반사를 발견했고, 이를 '고전적 조건형성(Classical Conditioning)'이라 한다.

파블로프는 종소리와 같은 정보가 대뇌로 전달되면 뇌 기능에 의해 침이 분비된다는 사실을 발견했다. 이를 통해 뇌신경 계통과 소화 계통이 연결되어 있다는 사실을 밝혔고, 연구 업적을 인정받아 1904년에 노벨생리학·의학상을 수상했다. 그런데 파블로프의 노벨상 수상 이면에는 끔찍한 동물실험이 존재한다. 그가 이 실험을 위해 700마리 이상의 개한테 턱에 구멍을 뚫고 타액을 측정했기 때문이다.

동물실험은 연구·교육·생산 등을 위해 동물을 대상으로 시행하는 실험을 의미한다. 오늘날의 동물실험은 인체실험 이전 단계에서 시행되어 안전성 예측에 도움을 준다. 동물실험의 기원은 아주 오래전으로 거슬러 올라간다. 기록에 따르면 최초의 동물실험은 B.C.E 450년경 알크마이온이 시행했다.

알크마이온은 안구의 신경이 뇌와 연결되어 사물을 볼 수 있다고 생각했다. 시신경을 '뇌로 빛을 전달하는 일종의 연결 통로'로 본 것이다. 이를 증명하기 위해 알크마이온은 동물실험을 진행했다. 그는 개를 해부해서 안구와 연결된 시신경을 자르면 시력을 상실한다는 사실을 발견했다. 알크마이온은 해부학 지식을 얻기 위해서는 동물실험이 필요하다고 생각했고, 특히 살아 있는 동물을 해부해야 한다고 주장했다. 그에게 동물실험을 통한 해부학은 인체의 중심 장기가 심장이 아닌 뇌라는 사실을 입증하는 중요한 방법이었다.

고대에는 종교의 영향으로 시체 해부가 금지되었다. 많은 사람들이 해부를 '인간을 존중하지 않고 신을 모독하는 행위'라고 생각했다. 일부 의사는 사고로 사망한 사람이나 죄수를 해부하기도 했지만, 이조차 매우 어려운 일이었다. 따라서 동물의 장기와 시체만으로 해부학을 연구할 수밖에 없었는데, 동물실험을 통한 연구는 계속되었다. 이러한 점에서 알크마이온의 동물실험과 해부학은 의학 발전에 매우 중요한 초석을 마련한 것이다.

의학의 분리와 뇌전증의 발견, 히포크라테스

2

'의학의 아버지', 철학에서 의학을 분리하다

히포크라테스(Hippocrates)는 B.C.E 5세기경에 활동한 고대 그리스 의사다. 당시 의학은 주술적이고 신비로운 방식으로 다루어졌다.

그리스 신화에는 의술의 신 아스클레피오스(Asklepios)가 등장한다. 그는 태양신 아폴론(Apollon)의 아들로서 죽은 사람까지 되살리는 의술을 가지고 있었다.

아스클레피오스와 관련해 매우 유명한 일화가 있다. 바로 죽은 히폴리토스(Hippolytos)를 되살린 일이다. 그는 미노타우

로스를 물리친 고대 그리스의 영웅 테세우스(Theseus)의 아들이었다. 계모는 그를 사랑해서 고백했지만 거절당했고, 이에 앙심을 품어 '히폴리토스에게 치욕을 당했다'는 거짓 유서를 남기고 자살했다. 분노한 테세우스는 포세이돈(Poseidon)에게 아들을 죽여 달라고 빌었고, 마차를 몰던 히폴리토스는 즉사하고 말았다.

아스클레피오스는 억울하게 사망한 히폴리토스를 되살렸다. 이에 하데스(Hades)는 제우스에게 아스클레피오스가 세상의 질서를 어지럽히지 못하도록 부탁했다. 결국 그는 제우스의 벼락을 맞아 사망했다. 제우스는 아스클레피오스의 죽음을 슬퍼하는 아폴론을 달래기 위해 그를 하늘로 올려 뱀주인자리를 만들었고, 그를 위한 신전도 지었다.

고대 그리스에서 아스클레피오스의 신전은 곧 병원이었다. 고대 그리스인은 아스클레피오스 신전에서 하루를 보내면 모든 병이 낫는다고 믿었다. 많은 사람들이 질병을 초자연적인 현상으로 생각했기 때문이다. 의사는 여러 도시를 떠돌아다니면서 의술을 시행했고, 의료 사고에 대한 책임도 지지 않았다. 그래서 당대 사람들은 의사를 전문가로 여기지 않았다.

히포크라테스는 이러한 사회 분위기를 적극적으로 바꾸고자 했다. 히포크라테스와 그를 따르는 사람들은 질병이 초자

페테르 파울 루벤스(Peter Paul Rubens), **〈히폴리토스의 죽음〉, 1611-1613년 작품.** 바로크 시대 최고의 화가였던 루벤스는 고전 미술과 문학에 해박했고, 이를 주제로 삼아 많은 그림을 그렸다. 18세기 프랑스 계몽주의자 드니 디드로(Denis Diderot)는 루벤스의 상상력으로 신화가 풍부해진다고 평가했다.

연적인 작용에서 발생하는 것이 아니라 자연적인 현상이라고 주장했다. 히포크라테스는 질병을 자세히 관찰하고 원인을 제대로 규명해야만 했다. 이를 통해 의학 지식을 확대했고, 의학을 철학에서 분리해 의사라는 직업을 사람들에게 달리 인식시키는 계기를 제공했다.

그는 자신이 관찰한 질병과 처방에 필요한 약물들을 종류별로 구분하고 상세하게 기록했다. 열이 나거나 통증이 심한 사람에게 버드나무 껍질에서 추출한 즙을 처방하기도 했다. 이 즙의 주성분은 살리실산으로, 오늘날에는 아세트산과 반응시켜서 아스피린으로 제조하거나 메탄올과 반응시켜서 파스로 만든다. 이와 더불어 오진이나 잘못된 처방도 모두 기록으로 남겨서 실수를 되풀이하지 않게 했다.

그는 상설 진료소의 필요성도 강조했다. 의사가 여러 지역을 돌아다니기 때문에 전문성도 떨어지고 환자에 대한 책임감도 없다고 생각했기 때문이다. 히포크라테스는 상설 진료소를 설립하고 청결한 수건과 이불을 갖춰야 한다고 주장했다. 그는 이미 B.C.E 5세기에 위생과 공중보건의 필요성을 인식한 것이다.

전 세계 의과대학 졸업식에서는 다음과 같은 선서문을 읽는다. 선서의 내용을 살펴보자.

1. 나의 생애를 인류 봉사에 바칠 것을 엄숙히 서약합니다.
2. 나의 은사에 대하여 존경과 감사를 드리겠습니다.
3. 나의 양심과 위엄을 가지고 의술을 베풀겠습니다.
4. 나는 환자의 건강과 생명을 최우선으로 생각하겠습니다.
5. 나는 환자의 사망 이후에라도 환자의 비밀을 누설하지 않겠습니다.
6. 나는 의료직의 명예와 위엄 있는 전통을 지키겠습니다.
7. 나는 동료를 형제와 자매처럼 여기겠습니다.
8. 나는 나이, 질병, 장애, 인종, 성별, 국적, 정당, 성적 지향, 사회적 지위 등을 초월하여 오직 환자에 대한 나의 의무를 지키겠습니다.
9. 나는 인간의 생명을 그 시작부터 더없이 존경하겠습니다.
10. 나는 위협을 받을지라도 인류를 위한 법칙에 반하여 의학지식을 사용하지 않겠습니다.
11. 나는 자유의지로서 이 모든 약속을 나의 명예를 걸고 서약합니다.

많은 사람들이 이를 '히포크라테스 선서(Hippocratic Oath)'로 알고 있다. 그러나 실제로 이 선서는 1948년에 스위스 제네바에서 세계의사협회(World Medical Association)가 채택한 '제네바 선언(Declaration of Geneva)'이다. 제2차 세계대전 동안 자행된 독일 나치의 비윤리적인 인체실험과 관련해 의사의 책임을 논의하는 과정에서 만들어졌다.

제네바 선서는 히포크라테스 선서를 개정한 것으로 알려져 있다. 이는 히포크라테스가 의사의 희생과 봉사, 윤리 등의 의무를 서술한 것이다. 히포크라테스 선서에 따르면, 의사는 환자에게 해를 끼치거나 불의를 행하지 않고 중절 시술을 시행하지 않아야 한다. 또한 환자의 이익을 위해서라면 어떤 곳이든 방문하며, 치료 중에 보고 들은 것은 비밀로 유지해야 한다.

히포크라테스의 명성이 널리 확산되면서 많은 지역에서 그를 초청했다. 여기에는 그리스의 적 페르시아도 포함되어 있었다. 페르시아의 왕 아르타크세르크세스 1세(Artaxerxes I)는 아버지가 암살된 후 정권을 되찾고 혼란스러운 제국을 안정시켰다. 아테네와 스파르타 사이에서 발생한 펠로폰네소스 전쟁에서는 중립을 지켰고, 망명자를 수용하고 종교에도 관용을 베풀었다.

그는 히포크라테스를 페르시아 궁전에 초청했다. 그런데 히포크라테스는 페르시아가 그리스의 적이기 때문에 의술을 베풀 수 없다며 거절했다. 당시 많은 사람들이 히포크라테스의 애국심을 높이 칭송했다.

지로데 트리오종(Girodet Trioson), **〈아르타크세르크세스의 선물을 거절하는 히포크라테스〉, 1792년 작품.** 신고전주의 프랑스 화가 자크 루이 다비드(Jacques-Louis David)의 위대한 3명의 제자 중 한 사람인 트리오종은 낭만주의 미술의 선구가 되었다. 이 작품은 재물을 단호하게 거절하는 히포크라테스의 강한 의지를 보여준다.

그런데 오늘날 아르타크세르크세스 1세의 초청을 거절한 히포크라테스의 태도를 둘러싸고 다른 비판도 제기된다. 물질적인 유혹을 거부하는 모습은 개인의 이익보다 명예를 추구해야 한다는 그의 주장을 실천하는 본보기가 된다. 다만 인종, 국적, 종교를 초월해서 의사의 의무를 수행해야 한다는 가르침에는 부합하지 않는다.

한 기록에 따르면, 히포크라테스는 오늘날 발칸반도 서부에 있는 일리리아의 요청에도 응하지 않았다. 그에게는 오직 그리스인만이 의술을 베푸는 대상이었던 것이다.

4체액설과 사혈이란 무엇인가

그리스를 비롯해 고대 사회에서는 인간이 죄를 지어 질병이 발생한다고 믿었고, 주술이나 미신 등으로 질병을 치료하려 했다. 고대 그리스인은 아스클레피오스 신전을 방문하면 질병을 치료할 수 있다고 믿었다. 신전은 도심지에서 벗어난 외곽에 있었기 때문에 요양 환자가 치유하기에 좋은 환경이었다. 당시 흔하지 않은 목욕탕도 있어서 위생을 개선하는 데도 효과가 있었다. 그러니 결코 아스클레피오스의 신성력으로 인한 치유가 아니었다.

히포크라테스는 과학적인 접근을 통해 질병이 발생하는 원인과 치료법을 밝히고자 했다. 그는 '모든 질병은 신체의 변화로 발생한다'는 가설을 세웠다. 그리고 이 가설을 통해 질병의 원인을 합리적이고 이성적으로 설명하고자 했다. 이를 위해 히포크라테스는 '4체액설'이라는 병리학 이론을 수립했다.

4가지 체액은 혈액·점액·황담액·흑담액으로, 4가지 원소에 대칭한다. 즉 혈액은 공기와 대칭하며 점액은 물에 대칭한다. 그리고 황담액은 불에 대칭하며 흑담액은 흙에 대칭한다.

히포크라테스는 이 4가지 체액이 인체를 이루는 기본 성분이라고 보았다. 혈액은 심장에서 만들어지고, 점액은 뇌에서 만들어진다고 생각했다. 그리고 황담액은 담낭에서 만들어지고, 흑담액은 횡격막 아래에서 만들어진다고 생각했다. 히포크라테스 주장에 따르면, 이 체액이 균형을 이루면 건강하지만 불균형을 이루면 질병이 발생한다. 그리고 질병을 크게 다혈질과 담즙질, 흑담즙질, 점액질로 구분했다.

4가지 체액설의 치료법은 매우 단순했다. 부족한 체액은 보충하고 증가한 체액은 뽑는 것이다. 히포크라테스는 체액을 보충하기 위해 음식을 섭취하게 했고, 체액을 뽑기 위해 다양한 방법을 사용했다. 대표적인 방법이 구토나 설사, 사혈 등이었는데 이는 매우 위험했다. 구토를 위해 독극물인 비소를 사용해서 과다출혈로 사망하는 사례가 빈번했기 때문이다.

히포크라테스의 4가지 체액설과 치료법은 이후 로마 제국의 의사 갈레노스에 의해 정설로 확립되어 1,500년 이상 유럽을 지배했다. 그리고 16세기에 실험과 관찰을 근거로 하는 해부학의 발달로 히포크라테스의 오류가 발견되면서 사라졌다.

『히포크라테스 전집』과 해부학

고대에 가장 규모가 크고 영향력 있는 도서관은 어디일까? 바로 이집트 알렉산드리아에 있던 알렉산드리아 도서관이다. 프톨레마이오스 1세는 아들의 교육을 위해 학당을 지었고, 도서관은 학당의 부속 기관이었다.

당시 알렉산드리아 도서관은 교양서적을 수집하는 지식의 온상이었다. 과거의 자료를 수집하고 복사했으며, 학자들에게 학문의 장을 제공함으로써 수많은 연구 결과를 축적했다. 고대 그리스의 가장 유명한 의사인 히포크라테스 관련 책도 소장하고 있었다.

『히포크라테스 전집』은 히포크라테스의 개인 저술뿐만 아니라 여러 저자의 저술을 모은 책이다. 가장 대표적인 저술은 의사 윤리강령의 근본이 되는 「선서」이며, 「신성한 질병에 관하여」에는 질병이 초자연적인 요소로 발생하는 것이 아니라 체액의 불균형으로 발생한다는 것이 설명되어 있다. 그 외에도 내과나 외과를 비롯한 여러 과의 진단과 예후, 그리고 약 조제법이 설명되어 있다. 물론 해부학도 설명되어 있다.

고대 그리스에서 인체 해부는 금지되었다. 그래서 히포크라테스는 여러 동물을 해부해서 근골격계의 구조를 파악했고, 신장을 비롯한 일부 장기의 기능을 파악했다. 염소를 해부한 결과, 그는 뇌가 막에 의해 양쪽으로 나뉜다는 사실을 알게 되었고 혈액이 뇌로 공급되는 사실도 알 수 있었다.

뇌전증은 발작이 반복해서 나타나고 경련과 의식 장애를 동반하는 질병이다. 오늘날 뇌전증은 뇌의 특정 부분이 통제를 벗어나 전기화학 신호에 교란이 생기면서 발생하는 것으로 밝혀졌다. 그러나 과거에는 뇌전증을 신이 특별히 아끼는 사람에게 내리는 신성한 병으로 여겼다.

히포크라테스는 신성한 병이란 존재하지 않는다고 생각했고, 모든 질병의 원인을 규명할 수 있다고 보았다. 그는 해부학을 통해 뇌전증이 뇌에 이상이 생겨서 발생하는 질병임을 밝혔다.

동물 해부학을 기반으로 한 히포크라테스의 해부학적 지식에는 오류가 분명히 존재한다. 한 예로 그는 여성의 히스테리 발생이 '자궁이 몸속을 돌아다녀서'라고 믿었다. 그럼에도 근대 의학이 발전할 때까지 히포크라테스의 해부학적 지식은 오랫동안 유럽을 지배했다.

고대 의학의 황제, 갈레노스와 해부학

3

'팍스 로마나'와 5현제

1823년 12월 2일, 미국의 제5대 대통령 제임스 먼로(James Monroe)는 의회에 제출한 연두교서(미국 대통령이 의회에 서한이나 구두로 보내는 메시지)에서 미국의 외교정책 노선을 밝혔다. 주된 내용은 '유럽은 아메리카 대륙에 새로운 식민지를 건설하지 않고, 신생 독립국에 간섭하지 않으며, 미국은 유럽의 기존 식민지를 포함해 유럽에서 발생하는 일에 관여하지 않는다'라는 것이었다. 이 선언으로 미국은 아메리카 대륙에서 패권을 확립하고, 보호주의와 고립주의 정책을 유지했다.

그러나 제1차 세계대전과 제2차 세계대전 이후 미국의 패권이 확대되기 시작했다. 특히 냉전이 시작되면서 미국은 '한 국가의 정치 체계가 붕괴하면 이웃 국가에도 파급 효과가 미친다'는 도미노 이론을 바탕으로, 베트남 전쟁을 비롯해 인도차이나반도에 군사 개입을 시작했다. 1991년에 구소련이 붕괴하자 미국은 그야말로 전 세계에 유일한 초강대국이 되었고, 세계적인 패권 국가로서 미국을 비유하는 의미인 '팍스 아메리카나(Pax Americana)'를 사용했다.

이 용어의 기원은 로마 제국이다. 1세기부터 2세기까지 로마 제국은 전쟁을 통한 영토 확장을 최소화하고 오랫동안 평화를 누렸다. 이 시기를 '팍스 로마나(Pax Romona)'라고 부른다. 구체적으로 B.C.E 27년에서 C.E 180년까지의 기간이다. 이 기간에는 5명의 현명한 황제가 로마 제국을 통치했다. 네르바(Nerva), 트라야누스(Trajanus), 하드리아누스(Hadrianus), 안토니우스 피우스(Antoninus Pius), 마르쿠스 아우렐리우스(Marcus Aurelius)다.

로마 제국의 제11대 황제인 도미티아누스(Domitianus)는 원로원과 많은 갈등을 일으켰다. 그는 원로원의 권한을 축소하고 의원의 사생활까지 간섭했다. 반면 황제의 권한을 강화하고 우상화했다. 그리고 중요한 정책은 관료와 상의해 처리한 후 원로원에 통보했다. 특히 사치가 매우 심해서 호화로운 별장을 짓고 파티를 자주 열었다.

결국 도미티아누스는 암살되었고, 그의 뒤를 이어 네르바가 원로원의 추대로 황제가 되었다. 그는 원로원과 우호적인 관계를 유지하고, 군부의 지지를 위해 트라야누스를 양자로 받아들였다.

다른 황제들과 달리 트라야누스는 팽창 정책을 적극적으로 실시했다. 그는 오늘날 루마니아에 해당하는 다키아를 정복하고, 요르단 서부에 있는 나바타이 왕국을 속주로 삼았다. 그러나 활발한 정복 전쟁을 벌이던 중 사망하고 만다.

트라야누스의 양자 하드리아누스는 당시 분쟁 중이던 파르티아 제국과의 전쟁을 종식하고 여러 반란을 진압했다. 팽창 정책을 포기하는 대신 국경선의 안정화를 우선시했다.

그의 뒤를 이은 안토니우스는 매우 도덕적이고 성실한 인품을 가져, 원로원은 그에게 '경건한 자'라는 의미의 피우스라는 존칭을 부여했다. 대외 팽창 대신 도시를 재건하고 국경을 정비하는 등 내정에 관심을 가지면서 제국의 번영을 추구했다.

5현제의 마지막 황제인 마르쿠스 아우렐리우스의 즉위 초기에 로마 제국은 그야말로 위기였다. 제국의 여러 지역에서 홍수와 가뭄, 지진이 발생했기 때문이다. 반란도 끊이지 않았

외젠 들라크루아(Eugène Delacroix), 〈마르쿠스 아우렐리우스 황제의 마지막 유언〉, 1844년 작품. 프랑스의 대표적인 낭만주의 화가 들라크루아는 〈민중을 이끄는 자유〉로 잘 알려져 있다. 그런데 그는 당대 프랑스 현실보다 과거 역사에 더 많은 관심을 가져 역사화를 주로 그렸다. 이 작품에서 아우렐리우스 황제가 아들 코모두스(Commodus)에게 유언을 하고 있지만, 정작 아들은 아무런 관심이 없는 모습이다.

고 파르티아 제국과의 전쟁도 다시 발발했다.

이러한 위기를 극복하고자 아우렐리우스는 동생 루키우스 베루스(Lucius Verus)를 공동 황제로 임명했고, 제국을 효율적으로 통치했다.

역사학자는 아우렐리우스를 역대 로마 황제 중 가장 고결한 황제로 평가한다. 아우렐리우스는 로마 제국의 위기를 극복하기 위해 헌신했고, 재위 기간 내내 전쟁터에 나갔다. 그는 수많은 문제를 해결하기 위해 원로원에 법안을 제출한 이후 시행했고, 인재를 등용할 때 능력뿐만 아니라 노력과 성실함을 높게 평가했다.

철학과 사색을 좋아했던 아우렐리우스는 제국을 통치하거나 전쟁터에 있을 때 마음속에 떠오르는 말을 기록했다. 이는 우리에게도 잘 알려진 『명상록』이다.

"끝없이 살 수 있는 것처럼 살지 마라. 죽음이 너를 곧 덮으리라. 네가 살아 있고 능력이 있다면 옳은 길을 가라."

아우렐리우스는 모든 사람이 죽음을 피할 수 없고 영원의 길로 향한다고 생각했다. 따라서 이 순간을 충실하게 살아야 하고, 끊임없이 변화하는 것은 우주의 진리이기 때문에 이에 적응해야 한다고 믿었다.

그는 위기에 처한 로마 제국이 버틸 수 있는 토대를 마련한 현명한 황제였다. 그러나 능력과 자질이 있는 사람을 양자로 삼아 황제의 자리를 물려준 이전 황제들과 달리, 무능력한 아들에게 황제 자리를 물려주었다. 더불어 이 시기에 발생한 치명적인 전염병은 아우렐리우스의 실책으로 남고 말았다.

인류 역사 최초의 팬데믹

2020년 3월 11일, 세계보건기구(WHO)는 중국 후베이성 우한에서 시작된 코로나바이러스감염증-19를 '팬데믹(Pandemic)'으로 지정했다. 코로나바이러스의 변종인 SARS-CoV-2가 전 세계적으로 확산하면서 수많은 확진자와 사망자가 발생했기 때문이다.

2023년 5월 5일에 국제적 공중보건 비상사태가 해제되었다. 공식 통계에 따르면 확진자는 6억 8,700만 명, 사망자는 약 700만 명에 달했다. 그러나 WHO는 비공식 사망자가 1,500만 명이 넘었을 것으로 추정한다. 그야말로 21세기 최악의 유행성 팬데믹이었다.

코로나바이러스감염증-19처럼 전 세계적으로 확산하는 유행성 전염병을 팬데믹이라고 부른다. '모두'를 뜻하는 그리스어인 '팬(Pan)'과 '사람'을 뜻하는 '데모스(Demos)'가 결합한 단어다. 일반적인 질병과 달리, 한 지역이나 국가에만 국한하지 않고 전 대륙이나 전 지구적으로 확산하기 때문에 치사율과 사망률이 높다.

WHO는 전염병의 경보 단계를 크게 6단계로 구분한다. 먼저 1단계는 인간에게 감염을 유발하는 바이러스가 아직 보고되지 않은 단계다. 2단계는 가축에서 발생한 바이러스가 인간에도 감염을 유발해서 팬데믹으로 발전할 수 있다고 인식한 상태이고, 3단계는 소수의 사람에게 질병이 생기지만 아직 사람 간에 전염이 발생하지 않은 단계다. 4단계는 공동체에서 질병이 발생해 팬데믹으로 발전할 가능성이 높은 상태이고, 5단계는 WHO에 가입한 국가 중 최소 2개 이상의 국가에서 사람 간 전염이 발생한 상태다. 마지막으로 6단계는 최고 위험 등급으로, 전 지구적으로 확산할 가능성이 있는 상태다.

WHO는 1968년에 발생한 홍콩인플루엔자와 2009년에 사람들에게 치명적인 영향을 미친 신종플루에 대해 팬데믹을 선포한 적이 있다.

홍콩인플루엔자는 인플루엔자바이러스 A형의 H2N2 유전자가 바이러스를 복제하는 과정에서 발생한 변이로 나타났다. 그 결과 당시 전 세계적으로 100만 명 이상이 사망했다.

신종플루 역시 인플루엔자 A형의 H1N1 유전자가 변이를 일으켜 발생했다. 214개 이상의 국가에서 발생해 1만 8천 명 이상이 사망했다.

인류 역사를 보면 팬데믹 수준에 해당하는 여러 유행성 전염병이 발생했다. 대표적인 전염병이 14세기 유럽을 휩쓸었던 흑사병과 제1차 세계대전 기간에 발생했던 1918년 인플루엔자다. 14세기 초에 몽골제국 군대의 이동과 함께 서유럽으로 확산한 흑사병 때문에 유럽 인구의 약 1/3이 감소했다.

흔히 '스페인 독감'으로 잘못 알려진 1918년 인플루엔자는 1918년 3월부터 1919년 2월까지 발생했다. 감염자 5억 명, 사망자는 최소 5천만 명으로 추정된다. 당시 세계 인구가 약 17억 명이었으니 전체 인구의 약 1/3이 감염된 것이다.

그렇다면 인류 최초의 팬데믹은 무엇일까? 다수의 역사학자는 165년부터 180년 사이에 로마 제국에서 발생한 역병이라고 본다. 놀랍게도 이 시기는 5현제의 마지막 황제인 아우렐리우스가 통치했던 팍스 로마나였다.

아우렐리우스가 즉위하기 전부터 로마 제국은 파르티아 제국과 전쟁을 벌였다. 파르티아 제국은 카스피해(Caspie海) 남동

쥘 엘리 들로네(Jules Elie Delaunay), **〈로마의 역병〉, 1869년 작품.** 들로네는 신고전주의 영향을 받은 프랑스 역사화가로서 165년에 발생한 유행성 전염병을 그렸다. 그림을 보면 죽음의 천사가 방문하고 있다.

쪽에 위치한 제국으로, 아르메니아를 둘러싸고 로마 제국과 경쟁했다.

114년에 트라야누스는 아르메니아를 로마 제국의 속주로 삼았다. 그러나 아우렐리우스가 즉위하자마자 파르티아 제국은 아르메니아에 주둔한 로마 군대를 공격했고, 로마 제국은 아르메니아를 빼앗겼다. 이후 다시 파르티아 군대를 몰아내고 로마에 호의적인 정부를 수립했고, 인접한 셀레우키아의 파르티아 군대도 격퇴했다.

시리아 왕국의 건국자인 셀레우코스 1세(Seleucus I)가 세운 도시가 셀레우키아다. 상업과 교역이 발달해 인구 60만 명 이상의 대도시였다. 당시 로마의 인구가 약 100만 명 정도였으니 큰 규모임을 알 수 있다.

165년에 셀레우키아에서 치명적인 전염병이 발생했다. 이 전염병은 파르티아 군대로 확산되었고, 이들과 전쟁 중이던 로마 군대까지 전파되었다. 파르티아 제국과 전쟁에서 승리한 로마 군대가 본토로 돌아가면서 그들이 지나간 모든 지역에서 전염병이 발생했다.

5세기경 한 스페인 작가의 설명에 따르면, 당시 이탈리아반도의 여러 도시와 마을에서 주민이 모두 전염병으로 사망했다고 한다. 게르만족과 갈리아족까지 영향을 미쳤는데, 이는 한 지역을 넘어 여러 지역과 국가에서 발생한 인류 역사 최초의 팬데믹이었다.

갈레노스 역병과 로마 제국의 쇠락

고대 로마 제국에서 가장 유명한 의사는 클라우디오스 갈레노스(Claudios Galenos)였다. 그는 129년 오늘날 튀르키예인 소아시아에서 태어나 16세 때부터 의학 수업을 받고, 로마 제국으로 떠나 아우렐리우스의 명으로 왕자의 주치의가 되었다. 갈레노스는 로마 제국뿐만 아니라 여러 지역의 의학 발전에도 영향을 미쳤다.

이슬람 제국에서는 갈레노스의 여러 저서를 번역했고, 이후 십자군 전쟁을 통해 다시 유럽으로 전파되어 근대 의학이 발전하기 전까지 서양의학에서 갈레노스의 사상은 절대적이었다. 그야말로 '의학의 황제'라 불릴 만했다.

165년에 로마 제국 안팎으로 원인을 알 수 없는 유행성 전염병이 발생했을 때 갈레노스는 기록을 남겼다. 그래서 사람들은 이 전염병을 당대 황제인 아우렐리우스의 이름을 따서 '안토니우스 역병' 또는 '갈레노스 역병'이라 불렀다.

이 전염병에 걸리면 열이 나고 설사를 하며 몸이 붓는다. 위장 출혈 때문에 설사가 검붉고 심한 악취도 난다. 역병에 걸린 지 9일째가 되면 발진이 나타나고, 시간이 지나면 딱지처럼 떨어진다. 오늘날 의사들은 그의 기록을 토대로 이 역병을 천연두로 추정한다.

'갈레노스 역병'으로 로마 제국 내 수많은 사람들이 목숨을 잃었다. 갈레노스 역병으로 인한 하루 사망자 수가 2천 명 이상이었다. 일부 지역에서는 전체 인구의 1/3 이상이 사망했다. 로마 제국 전체에서 약 5천만 명이 사망한 것으로 추정되는데, 이는 당시 제국 전체 인구의 약 10%에 해당하는 수치다. 여기에는 아우렐리우스와 공동으로 로마 제국을 통치했던 루키우스도 포함되었다. 황제도 역병을 피할 수는 없었다.

인류 역사 속 최초의 팬데믹으로 로마 제국의 인구만 감소한 것이 아니었다. 전염병이 가장 직접적으로 영향을 미친 곳이 바로 군대였다. 당시 로마 제국의 군대는 28개 군단으로, 그 수는 15만 명이었다. 이들도 팬데믹을 피할 수 없었다.

가장 큰 문제는 갈리아 변방을 수비하는 병력 보급이었다. 갈리아는 오늘날의 이탈리아 북부, 프랑스, 벨기에 일대다. 우리에게도 잘 알려진 율리우스 카이사르(Julius Caesar)는 이 지역을 정복해서 로마 제국의 영토로 삼았는데, 농업과 직물 산업이 발달하면서 경제적으로 부유해졌다. 그런데 아우렐리우스 때부터 게르만족이 갈리아를 자주 침공해서 군대를 주둔시켜 수비해야만 했다.

갈리아를 수비하기 위해 아우렐리우스는 신분에 상관없이 건강한 남성이라면 누구나 군인이 될 수 있도록 법령을 개정했다. 원래 로마 보병은 3개의 부대로 편성되었다. 3개 부대는 맨 앞의 전위부대인 하스타티(Hastati)와 두 번째 대열의 프린키페스(Principes), 마지막 전열의 트리아리이(Triarii)다. 프린키페스는 창을 들었고, 트리아리이는 창과 방패를 들었다. 즉 경제적 능력이 있어야 했다. 하지만 가난한 사람이나 노예도 이제는 로마 제국의 군인이 될 수 있었다. 갈레노스 역병으로 제국의 군대가 바뀐 것이다.

더욱 큰 문제는 수입 감소였다. 팬데믹으로 인구가 급감하자 세금을 납부하는 사람 역시 크게 줄었다. 토지를 경작할 노동력이 부족해졌고, 많은 토지가 방치되면서 황폐해졌다. 곡물 가격은 급등했고 심각한 인플레이션이 발생했다. 국내와 국제 교역 역시 파괴되었다. 결국 팬데믹을 계기로 로마 제국은 쇠락의 길을 걷기 시작했다. 유행성 전염병이 제국의 몰락을 초래한 것이다.

제한된 해부학과 갈레노스의 오류

고대 그리스 철학자 아리스토텔레스는 '세상에 목적 없이 존재하는 것은 없다'라고 생각했다. 그래서 "인간의 행위를 비롯해 여러 사건과 자연 현상은 모두 목적에 부합한다"고 주장했다. 갈레노스 역시 이와 같은 목적론을 믿었다. 그는 신이 특별한 목적을 위해 인체의 장기를 창조했다고 믿었다. 자신의 저서에서 그는 "인간의 모든 장기는 완벽한 기능을 수행하기 때문에 이보다 더 훌륭하고 완벽한 구조물은 존재하지 않는다"라고 서술했다.

갈레노스에게 해부학이란 장기를 연구해서 인간의 존재 이유와 신의 의도를 깨닫는 방법이었다. 그러나 당시 로마 제국에서는 시체 해부를 '죽은 사람에 대한 모독'으로 간주했다. 따라서 갈레노스의 해부는 동물에 국한할 수밖에 없었다. 그가 주로 이용했던 동물은 소나 개, 돼지, 원숭이 등이었다. 특히 인간과 가장 비슷하게 생긴 원숭이는 가장 좋은 해부 대상이었다.

갈레노스는 제한된 동물실험을 통해 인체의 근육 구조를 설명했고, 상당히 정확했다. 이와 더불어 동물의 뇌를 직접 해부해서 관찰하고, 뇌신경을 7개로 분류했다. 이는 17세기에 근대 의학이 발전하기 전까지 사용되었다.

또한 그는 '뇌량(Corpus Callosum)'이나 '뇌궁(Fornix)'처럼 뇌와 관련한 명칭을 만들기도 했다. 뇌량은 좌우의 대뇌를 연결하는 신경 집합이고, 뇌궁은 대뇌반구의 안쪽과 간뇌에 속한 섬유 집합으로 오늘날 뇌 과학자가 관심을 두고 연구하는 부분이다.

갈레노스의 해부학에도 오류가 있다. 이는 동물실험에 국한해 인체의 장기를 살펴보았기 때문이다. 갈레노스의 가장 큰 오류는 혈액과 관련한 것이다. 그는 사람이 섭취한 영양분이 간으로 이동해서 '자연의 기운(Natural Spirit)'을 통해 혈액으로 변한다고 믿었다. 이후 심장으로 이동하고, 호흡을 통해 폐로 들어가 '생명의 정기(Vital Spirit)'와 섞여 온몸으로 순환한 다음 소멸한다고 생각했다.

이와 같은 오류를 바로잡기까지는 무려 1,500년 이상의 시간이 걸렸다. 비록 제한된 동물실험으로 의학적 오류를 범했지만, 갈레노스는 고대부터 중세까지 유럽 의학의 발전에 큰 영향을 미쳤다. 그의 해부학 덕분에 인류는 더 나은 단계로 도약할 수 있었다.

근대 해부학의 창시자, 베살리우스

4

르네상스와 활발해진 인체 해부

몬디노 데 루치(Mondino de Liuzzi)는 14세기 초 이탈리아 볼로냐 의사이자 해부학자다. 그는 의대생과 대중 앞에서 여성 사형수를 공개적으로 해부했다. 당시 유럽의 해부학 수업은 교수가 교과서를 읽고 해설하며, 의사가 해부하는 것이 일반적이었다. 그런데 루치는 자신이 직접 해부하고, 이를 통해 얻은 지식을 『해부학』이라는 저서로 출간했다. 유럽 최초의 해부학 교과서가 등장한 셈이다.

인체 해부는 15세기에 북유럽까지 확산되었고, 16세기가 되면서 유럽 내 모든 의과대학에서 인체를 해부했다. 해부학이 유럽 전역으로 확산할 수 있었던 이유는 무엇일까? 바로 르네상스 덕분이다.

르네상스는 14세기부터 16세기까지 이탈리아를 중심으로 유럽의 여러 지역에서 발생한 문예부흥운동을 의미한다. 스위스 역사학자 야코프 부르크하르트(Jacob Burckhardt)는 르네상스를 '신 중심의 세계관에서 벗어나 인간이 만물의 척도였던 고대 그리스와 로마로 회귀하려는 인문주의'라고 정의했다.

르네상스 시기에 이탈리아에서는 건축, 조각, 회화 등이 급속하게 발전했다. 회화의 경우, 과거에는 예수나 성모를 묘사하는 성화를 주로 그렸다. 르네상스가 등장하기 직전에 치명적인 흑사병이 유럽을 휩쓸었기에 다수의 작품에서는 죽음과 구원이 표현되었다. 그러나 르네상스 이후에 급격하게 변화했다. 하나의 소실점을 가지고 빛과 어둠의 대비를 통해 작품에 입체감을 부여했다. 또한 원근법을 사용해서 2차원인 평면에 3차원인 공간을 구현하고자 했다.

회화의 대상 역시 인체로 바뀌었다. 많은 예술가들이 인체를 표현하는 방법을 고민했고, 인체의 특징과 개성이 잘 드러나도록 표현하고자 했다. 르네상스의 대표적인 화가 레오나르도 다 빈치는 무연고 시신을 직접 해부하면서 인체의 근육과

미켈란젤로 부오나로티(Michelangelo Buonarroti), **〈아담의 창조〉, 1512년경 작품.** 미켈란젤로는 레오나르도 다 빈치, 라파엘로와 더불어 르네상스 3대 거장으로 알려져 있다. 그의 대표적인 작품은 교황 율리오 2세의 의뢰를 받아서 그린 시스티나 성당의 천장화다. 그림에서 아담은 신이 빚었다는 표현이 어울릴 정도로 매우 아름답게 표현되었지만, 미켈란젤로는 그림을 통해 신의 완전성과 인간의 불완전성을 대비시키려고 했다.

힘줄을 관찰했고, 이를 그림으로 표현했다. 그는 30명 이상의 시신을 해부했다. 그러고는 200페이지가 넘는 해부 스케치를 남겼다. 한 역사가에 따르면 이 시기의 예술가는 모두 해부학자였다.

『파브리카』와 근대 해부학의 시작

르네상스 시기의 해부학을 주도한 사람은 벨기에 의사 안드레아 베살리우스(Andreas Vesalius)였다. 그의 가장 큰 업적은 갈레노스 해부학의 오류를 수정하는 일이었다. 14세기에 활동한 이탈리아 의사 루치처럼 베살리우스 역시 인체를 직접 해부했다. 이를 통해 그는 인간의 골격을 갈레노스 해부학에 등장하는 원숭이의 골격과 비교했고, 척추의 구조가 다르다는 사실을 발견했다. 그리고 갈레노스의 해부학적 지식이 인체 해부를 통해 얻은 것이 아니라 동물 해부로 유추했음을 알게 되었다.

그는 갈레노스의 오류를 바로잡기 위해 직접 해부했고, 인체의 구조와 장기를 설명하면서 이를 그림으로 묘사했다. 그리고 1543년에 책 『파브리카(Fabrica)』를 출간했다. 총 7권으로 구성된 이 저서는 인체의 뼈와 근육, 혈관, 신경, 장기 등을 설명한다. 베살리우스가 지적한 갈레노스 해부학의 오류는 무려 200가지 이상이었다. 『파브리카』 출간 이후 그는 해부학의 권위자로 부상했고, 많은 사람들이 그를 '근대 해부학의 창시자'라 부르며 칭송했다.

사실 베살리우스가 해부학의 근본 개념을 완전히 바꾼 것

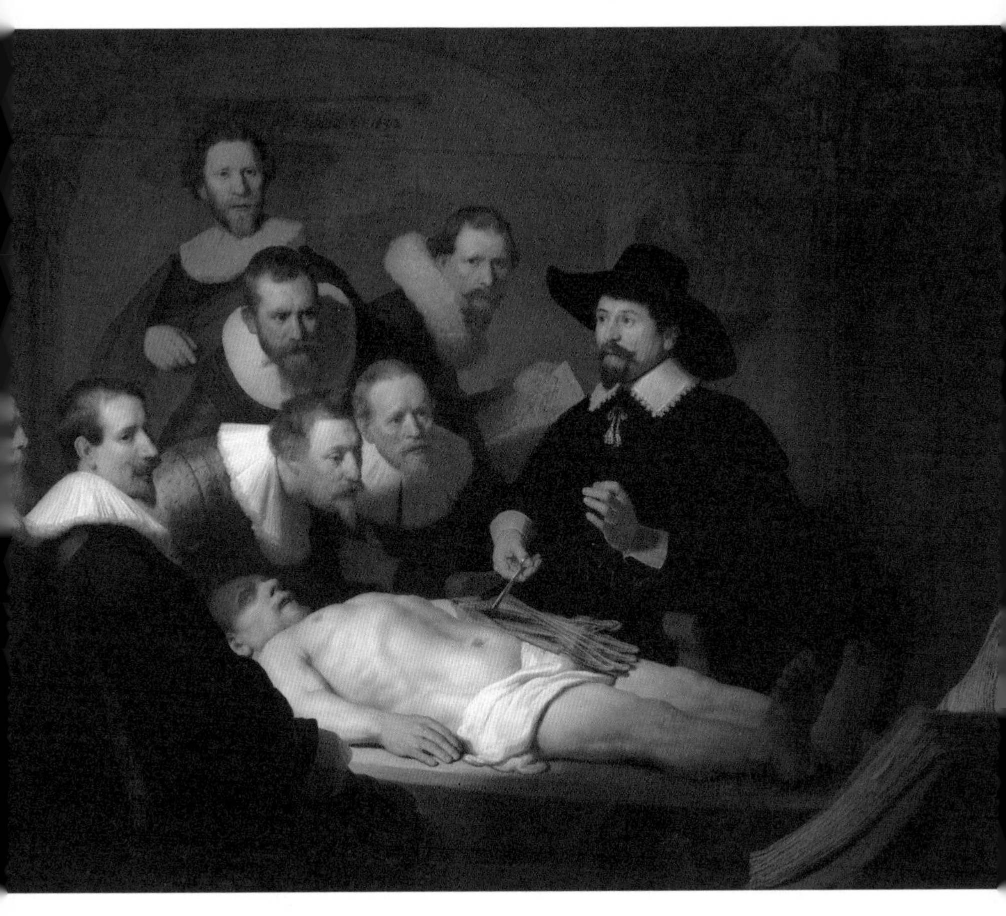

렘브란트 반 레인(Rembrandt van Rijn), **〈니콜라스 튈프 박사의 해부학 강의〉, 1632년 작품.**
1632년에 튈프 박사는 7명의 의사 앞에서 공개적인 해부를 시행했고, 렘브란트에게 집단 초상화를 의뢰했다. 그는 튈프 박사가 근육 구조를 설명하기 위해 팔을 절개하는 순간을 그렸으나 이는 해부학적으로 오류다. 그림과 같이 렘브란트는 의사들이 해부학에 집중하는 모습에 초점을 맞추었다.

은 아니었다. 『파브리카』에서 그는 갈레노스의 해부학적 지식을 상당 부분 수용했다. 그에게 중요한 것은 갈레노스의 권위를 무너뜨리는 것이 아니라, 갈레노스의 오류를 수정하고 그를 새로운 방식으로 재발견하는 일이었다. 전통을 거부하지 않고, 전통을 기반으로 새로운 개혁을 추구했다.

그러나 당시 해부학자들은 베살리우스의 지적과 이론에 거부감을 드러냈다. 1천 년 이상 유럽을 지배했던 갈레노스의 이론에 문제를 제기하는 것은 그야말로 매우 위험한 일이었다. 그의 스승은 누구보다도 그를 신랄하게 비난했다. 실제 인체를 해부한 결과와 갈레노스 해부학에 차이가 있다면, 당대 인간이 고대 인간보다 퇴화했기 때문이라는 억지를 부리기도 했다. 많은 사람의 비난을 견디지 못한 베살리우스는 결국 해부학 연구를 중단했다.

베살리우스의 업적은 인체를 얼마나 정확하게 해부하고 묘사했는지가 아니다. 그는 직접 인체를 해부하고, 과거의 기록보다 자신의 실험과 관찰 결과를 더 중요하게 생각했다. 실험과 관찰을 통해 지식을 얻는 방법은 16세기에 유럽에서 발생한 과학혁명의 중요한 토대가 되었다.

이와 더불어 베살리우스는 해부학을 비롯해 인간을 탐구 대상으로 삼는 모든 학문은 인간 그 자체를 대상으로 삼아야 한다는 인식을 널리 확산시켰다.

베살리우스의 해부학은 인문주의에서 많은 영향을 받았다. 르네상스의 주요 사상이었던 인문주의는 고대 그리스나 로마의 고전을 연구하고 이를 새롭게 창조함으로써 인간다운 삶을 구현한다. 이는 교회가 지배하고 신에게 예속된 인간에게서 벗어나 자연스러운 인간상을 확립하고, 인간의 존엄성과 가치를 높이려는 움직임으로 연결되었다.

베살리우스는 인간의 몸을 하나의 예술 작품으로 이해했다. 그의 인체 해부도는 마치 살아 있는 인간처럼 묘사되곤 했다. 그래서 당대 사람들은 그를 예술인으로 묘사했다.

베살리우스는 인체를 직접 해부했다. 그럼으로써 갈레노스 해부학의 문제점을 지적하고 한계를 보완하려고 했다. 한편 갈레노스의 영향력에서 완전히 벗어나지 못했다. 다른 한편으로 그는 기존 해부학의 전통에서 벗어나 개혁을 추구하려고 했다.

면밀한 실험과 관찰을 통해 학문적 오류를 해결하려 했던 베살리우스는 인간에 대한 새로운 이해를 추구했던 르네상스 시대에 진정한 융합형 인간이었다.

시체 도굴과 살인, 그리고 '1832년 해부법'

윌리엄 헌터(William Hunter)는 18세기 초 스코틀랜드에서 태어났다. 그는 여러 지역을 다니면서 의학지식을 쌓았고 의사 면허를 취득했다. 그는 당시 영국 내에서 매우 뛰어난 해부학자였다. 동생 존 헌터(John Hunter)는 형의 제자이자 조수로 일하면서 의학에 관심을 가졌다. 이들은 함께 일하면서 해부학 지식을 축적했고 런던에서 해부학교를 운영하면서 수많은 동물과 시체를 해부했다. 이들이 해부한 동물만 3천 마리 이상이고, 시체는 2천 구에 달한다. 이처럼 많은 해부를 통해 동물이 공통 조상에서 진화했다는 것을 보여주었다.

그런데 헌터 형제는 어떻게 해부용 시체를 얻을 수 있었을까? 해부학교를 운영하던 초기에는 헌터 형제나 학생들이 시체를 찾았다. 그런데 해부학적 지식을 얻으려면 더 많은 시체가 필요했고, 결국 시체 공급업자와 계약을 맺었다. 공급업자는 연고가 없는 죄수의 시신이나 장례를 치르기 어려운 빈민의 시신을 헌터 형제에게 주었다. 무덤에서 시신을 도굴하는 경우도 빈번했다.

18세기 중반, 아일랜드에서 태어난 찰스 번(Charles Byrne)은 말단비대증을 앓았다. 말단비대증은 손과 발이 굵어지고, 이

마와 턱이 튀어나오면서 얼굴 모양이 변화하는 병이다. 뇌하수체에서 분비되는 성장호르몬이 과잉 생산되어 나타나는 질환이다. 당시 그의 키는 2m 이상이어서 해부학의 좋은 대상이었다. 번이 사망한 후, 존의 사주를 받은 장의사는 그의 시신을 빼돌렸다. 존은 거대한 시신을 해부한 후 표본을 만들어 자신의 소장품으로 만들었다.

한 기록에 따르면, 존은 번의 유족에게 대가를 치렀다고 한다. 그러나 오늘날의 관점에서 보면 타인의 시신을 아무런 동의 없이 함부로 사용하는 것은 어떤 대가를 치르더라도 용인할 수 없는 일이다. 비록 헌터 형제의 해부학 연구가 의학 발전에 지대한 공헌을 했을지라도 이는 비윤리적인 행동이기 때문이다.

해부학이 발전하면서 해부용 시신이 매우 부족해졌다. 숨을 거둔 시신은 부패하기 때문에 사망 직후의 시신이 해부에 가장 유용했다. 1752년 영국에서는 처형된 흉악범 시신을 공개적으로 해부할 수 있는 법이 통과되었다. 그럼에도 해부용 시신은 여전히 모자랐고, 시신을 도굴하거나 시신을 얻기 위한 살인까지 발생했다.

19세기 초, 영국에서 끔찍한 사건이 발생했다. 윌리엄 헤어가 운영하는 에든버러 하숙집에서 한 노인이 돈을 내지 않은 채 사망했다. 헤어는 친구인 윌리엄 버크의 도움으로 당시 에든버러에서 가장 유명한 해부학자 로버트 녹스(Robert Knox)에게 시신을 판매했다. 한 기록에 따르면, 당시 노인에게 받지 못한 하숙비가 4파운드였는데 시신 판매 대가는 7파운드였다고 한다.

시신 판매가 상당한 이익이 된다는 것을 알게 된 헤어와 버크는 본격적으로 시신 도굴을 시작했다. 이들은 병든 하숙생을 살해한 다음, 그 시신을 녹스에게 판매했다. 이후 하숙생뿐만 아니라 거지, 노숙자, 매춘부 등을 범행 대상으로 삼고 살인을 했다. 그러다가 이들이 살해한 매춘부를 의대생이 알아보면서 살인 행위가 발각되었다. 헤어와 버크에게 살해된 사람은 무려 15명이었다.

버크는 교수형에 처해졌고, 그의 시신은 에든버러 대학의 해부학 실습실에서 공개적으로 해부되었다. 영어 'burke'라는 단어는 '목 졸라 죽이다' 또는 '남몰래 제거하다'라는 의미다. 곧 이 말은 버크의 살인사건에서 유래한 것이다. 이후 1832년에 영국에서는 새로운 해부학법이 제정되었다. 시신을 얻기 위한 살인이나 강탈을 금지하고, 합법적인 경로를 통해 얻은 시신만 해부학 실험에 사용할 수 있도록 했다.

헌터 형제의 사건이나 헤어와 버크의 살인사건에 한 가지

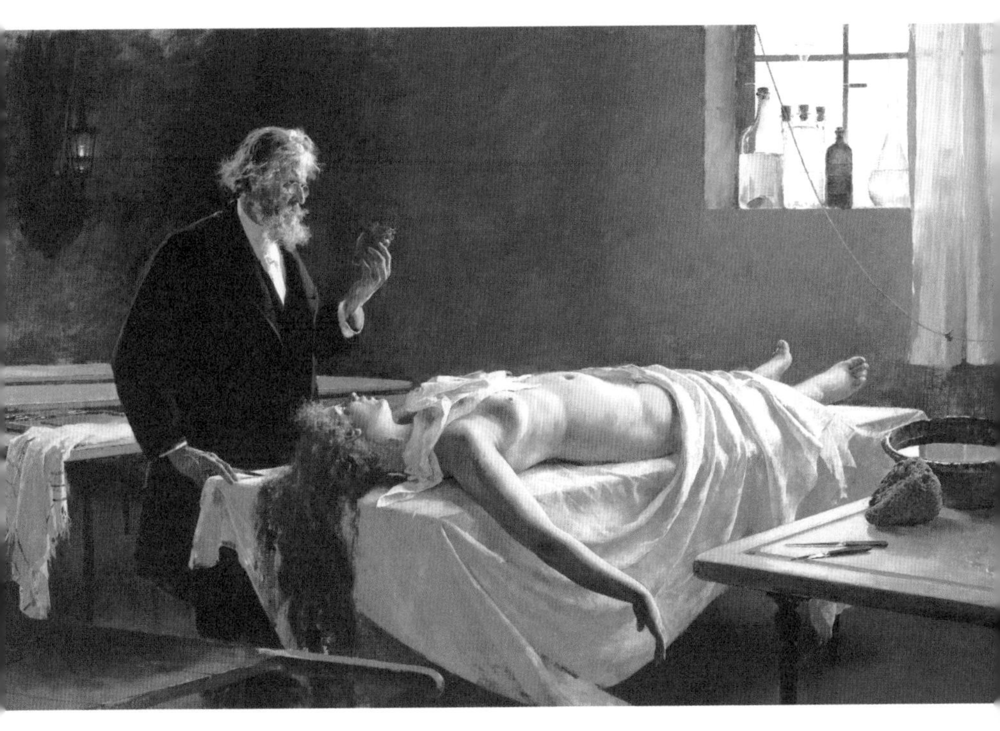

엔리케 시모네(Enrique Simonet), **〈심장의 해부학〉, 1890년 작품.** 장식용 회화와 풍경화를 주로 그렸던 시모네는 여성의 신체를 해부하는 한 교수의 모습을 그렸다. 그가 손에 들고 있는 것은 여성의 심장이다.

공통점이 있다. 당시 성행했던 해부학 수업에서 누구도 시신의 출처를 묻지 않았다는 점이다. 해부학자들은 시신을 훔쳐온 것이든 살인해서 가져온 것이든 생체실험에만 사용할 수 있으면 크게 상관하지 않았다. 이런 행위가 불법적이고 비윤리적임을 알았지만 문제를 제기하는 사람은 아무도 없었다.

해부학의 고전, 『그레이 해부학』

2005년에 미국 ABC에서 방영한 의학 드라마 〈그레이 아나토미(Grey's Anatomy)〉는 우리나라에서도 인지도가 높다. 환자를 살리기 위해 노력하는 외과 의사의 열정과 사랑을 다룬 드라마로, 여성 캐릭터의 비중이 높고 소수 인종이나 성 소수자도 자주 등장해서 반응이 좋았다.

드라마 제목이 〈그레이 아나토미〉라는 것에 많은 사람들이 여러 가설을 제기했다. 첫 번째 가설은 주인공 이름이라는 것이다. 주인공 메러디스 그레이(Meredith Grey)는 병원으로 출근하기 전날, 술집에서 우연히 만난 남자와 하룻밤을 보낸다. 이후 그가 직장 동료이자 유부남이라는 사실을 알게 되고, 알츠하이머에 걸린 유능한 엄마 때문에 심리적인 고통을 겪는다. 드라마는 그야말로 그녀의 인생 성장기다.

두 번째 가설은 드라마의 무대인 병원이 회색 지대라는 것이다. 병원은 삶과 죽음이 수없이 교차하는 곳이다. 그리고 의사와 환자가 존재한다. 병원이라는 공간에서 이들의 대립과 공존이 뒤섞여 드러난다.

세 번째 가설은 드라마 제목이 해부학의 교과서인 『그레이 해부학』을 상징한다는 것이다. 이 책은 1858년에 처음 출간된

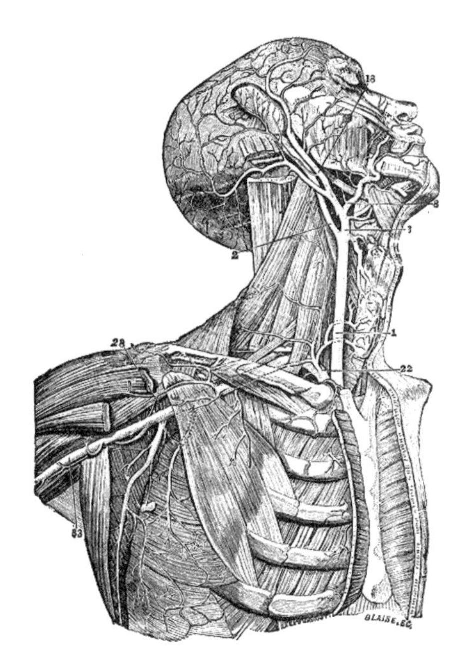

| 『그레이 해부학』에 수록된 목 근육 그림.

이후 지금까지 재판되고 있는 책이다.

헨리 그레이(Hnery Gray)는 잉글랜드의 외과 의사이자 해부학자였다. 그는 조카의 천연두를 치료하다가 감염되어 사망했다. 치명적인 유행성 전염병의 확산을 막기 위해 그의 유품을 모두 불태웠기에 그에 대한 자료는 거의 남아 있지 않다.

오늘날 우리가 알 수 있는 사실은 그레이가 당시 의대생이었던 헨리 카터(Henry Carter)에게 실용적인 해부학 교과서를 만들자고 제안했고, 그에게 삽화를 의뢰했다는 점이다. 헨리와 카터는 1년 이상 해부학 실습 현장을 다니면서 지식을 쌓았고, 의대생을 위해 저렴한 교과서를 출판했다.

그런데 왜 책 이름이 『그레이 해부학』일까? 전문가에 따르면 이 책이 유명해진 것은 매우 정교하고 사실주의적인 삽화 덕분이라 한다. 이전의 어떤 저서에서도 근육이나 신경 등을 구체적으로 묘사한 적이 없었다.

흥미로운 사실은 출판사와 계약 당시 '인세를 비롯한 모든 수입은 그레이가 받도록' 서명한 점이다. 카터는 매달 150파운드, 오늘날로 치면 약 30만 원의 수고비를 받았을 뿐이다. 이런 내용은 카터의 일기에 잘 나타나 있다. 『그레이 해부학』에 감춰진 슬픈 진실이다.

근대 해부학, 갈레노스를 넘어 베르나르까지

5

혁명을 초래한 윌리엄 하비의 혈액 순환론

히포크라테스의 4가지 체액설은 갈레노스를 거쳐 오랫동안 유럽을 지배했다. 그러나 갈레노스의 체액설을 전면 부인한 사람이 있다. 바로 16세기 영국 생리학자 윌리엄 하비(William Harvey)다. 그는 파도바 대학에서 공부했는데, 당시에는 실험과 관찰을 강조하는 분위기가 만연했다. 베살리우스는 직접 인체를 해부했고 갈릴레이(Galilei)도 물리학 강의를 했다. 갈릴레이의 "측정할 수 있는 모든 것을 측정하라. 그렇지 못한 것도 측정 가능하게 만들어라"는 말은 하비에게 많은 영향을 미쳤고, 그는 연구와 실험에 몰두했다.

갈레노스는 혈액이 간에서 만들어진다고 생각했다. 그는 이렇게 만들어진 혈액이 심장의 우심실로 들어가 우심실과 좌심실 사이의 판막을 통해 좌심실로 이동하고, 정맥을 따라 신체 말단으로 이동한 후 소멸한다고 보았다. 그런데 하비의 스승인 파브리키우스(Fabricius)는 판막이 정맥에서 혈액의 역류를 막고 있다는 사실을 발견했다. 판막의 방향이 갈레노스의 주장과는 정반대였다. 즉 혈액은 신체 말단에서 심장 쪽으로 흘렀다.

하비는 갈레노스 이론의 오류를 입증하고 이를 수정하려 했다. 이를 위해 기존 이론에 대해 생각하고, 이론이 옳지 않다면 어떤 결과가 나타날지 생각했다. 자신이 생각하는 타당한 결과를 생각하고 계산해서 모순을 확인했다. 이후 기존 이론을 반박하기 위한 새로운 가설을 수립하고, 반복적인 실험과 관찰을 통해 가설을 증명했다. 하비의 증명 과정은 근대 과학의 프레임을 그대로 보여준다.

우선 하비는 혈액이 순환한다고 가정했다. 갈레노스는 맥박이 한 번 뛸 때마다 4ml 이상의 혈액이 소비된다고 주장했다. 1분에 60번 맥박이 뛴다고 가정하면 소비되는 혈액은 약 240ml 정도다. 그렇다면 매일 3,400l 이상의 혈액을 소모하고 이를 유지하기 위한 식사를 해야 한다. 하비는 이 양이 터무니 없다고 생각했다.

하비는 파브리키우스가 발견한 판막이 혈액 순환의 흐름을 일정하게 유지하고, 혈액을 한쪽으로만 흐르게 한다고 가정했다. 이를 위해 그는 '결찰사 실험'을 했다. 결찰사는 혈관을 묶는 데 사용하는 긴 끈을 의미한다. 하비는 팔의 윗부분을 끈으로 세게 묶으면 동맥까지 묶여 팔의 윗부분이 부풀어 오르고, 약하게 묶으면 정맥만 묶여 아랫부분이 부풀어 오르는 것을 관찰했다. 그는 이 실험을 통해 동맥과 정맥이 서로 연결되어 있음을 밝혔다. 이는 갈레노스가 확립한 4가지 체액설을 전면적으로 부정하는 근거가 되었다.

다른 해부학자와 마찬가지로 하비 역시 갈레노스에게서 완전히 자유로울 수는 없었다. 갈레노스 해부학 이론의 모순을 지적하고 실험과 관찰을 통해 새로운 이론을 제시했지만, 그 역시 고대 우주론에 갇혀 있었다. 그 역시 아리스토텔레스와 마찬가지로 심장이 인체의 중심이자 근원이라 생각했다.

하비는 동맥이 심장을 통해 정맥으로 되돌아오는 지점을 찾지 못해 비난받기도 했다. 이는 후일 이탈리아 생리학자 마르첼로 말피기(Marcello Malpighi)가 개구리의 폐를 관찰하다가 모세혈관을 발견하면서 알려졌다. 비록 한계는 존재하지만 하

로버트 한나(Robert Hannah), **〈찰스 1세에게 혈액 순환 이론을 증명하는 윌리엄 하비〉, 1848년 작품.** 한나는 영국의 역사화가로 소설가 찰스 디킨스(Charles Dickens)가 그의 그림을 특히 좋아했다. 이 그림은 하비의 저서 『동물의 심장과 혈액의 운동에 관한 해부학적 연구』가 출간된 이후 찰스 1세(Charles I) 앞에서 혈액 순환 이론을 설명하는 모습을 그린 것이다.

비의 혈액 순환론은 생리학과 해부학에서 혁명을 초래했다. 그러면서 유럽에서는 실험과 관찰을 바탕으로 근대 의학이 급속하게 발전하기 시작했다.

클로드 베르나르의 혁신적인 실험의학

오랫동안 의학의 목적은 생명의 고찰이었다. 고대에 이러한 고찰은 의학이 아닌 철학에서 시작되었다. 아리스토텔레스는 생명을 '스스로 영양분을 공급하고 자라며 사라지게 하는 것'으로 정의했다. 그는 생명의 근원을 타고난 열이라고 생각했고, 생명의 근원은 가장 중요한 기관인 심장이라 보았다. 따라서 아리스토텔레스에게 생명은 열이 유지되는 상태였고, 열이 유지되지 않는 상태는 죽음을 의미했다.

갈레노스는 생명을 '힘'이나 '활동'으로 정의했다. 그에게 생명은 몸과 정신의 결합이며, 이는 타고난 열이 지속되는 한 계속 존재한다. 사람들은 갈레노스 의학이 지배했던 1천 년 동안 생명을 정신과 육체를 연결하는 존재로 간주했는데, 육체를 지배하는 정신의 우월성을 강조하곤 했다.

18세기 서양철학은 기계론에서 많은 영향을 받았다. 기계론은 창조주가 세상을 창조했을 때 가지고 있던 목적을 알 수 있거나 사물이 인간을 위해 존재한다는 생각을 배제하고, 만물이 자연의 인과법칙에 따라 발생한다고 보는 이론이다. 프랑스 철학자 데카르트는 동물은 기계와 같다고 생각했고, 이러한 생각을 더욱 발전시켜 '인간 기계론'이 나타나기도 했다. 이는 인간의 정신이나 신체 등 모든 활동을 기계 원리로 설명할 수 있다는 주장이다.

19세기에는 '실험의학'이라는 새로운 의학 분야가 등장했다. 실험의학이란 병원이 아닌 실험실에서 새로운 의학 지식이 형성되고 축적되는 것을 의미한다. 이 새로운 학문의 장을 연 사람이 바로 프랑스 생리학자 클로드 베르나르(Claude Bernard)였다. 물론 19세기 이전에 실험의학이 전혀 없었던 것은 아니다. 갈레노스는 동물실험을 통해 인체 조직을 설명했고, 베살리우스나 하비 역시 해부학을 통해 인체의 기능을 설명하고자 했다. 하지만 생리학과 의학을 과학이라는 범주 속에서 체계화시킨 것은 베르나르였다.

18세기까지 생리학은 인간의 본질을 연구하는 학문이었다. 그러다가 실험의학이 등장하면서 생리학의 학문적 성격이 변화했다. 인간의 본질을 연구하는 학문에서 생명체에서 발생하는 현상을 연구하고 그 조건을 탐구하는 학문으로 바뀐 것이다. 다시 말해 19세기에 실험의학이 등장하면서 생리학은 과학의 한 분야로 확립되었고, 베르나르는 생리학의 과학화에 중요한 역할을 담당했다.

베르나르는 생명체에서 발생하는 현상 역시 다른 물리 현상과 마찬가지로 '결정론(Determinism)'의 지배를 받는다고 생각했다. 결정론은 이 세상에서 발생하는 모든 일이 먼저 발생한 원인에 의해 결정된다는 이론이다. 베르나르는 어떤 현상이 발생하기 위해서는 먼저 그런 현상을 가능하게 하는 물리적 조건이 존재한다고 믿었다. 이는 생명체를 비롯해 모든 현상에서 똑같이 적용된다. 그래서 그 조건을 발견했을 때 같은 조건이라면 똑같은 현상이 발생하고, 다른 조건이라면 다른 현상이 발생한다.

결정론을 바탕으로 베르나르가 비판한 것이 있는데 바로 '생기론(Vitalism)'이다. 생기론 입장에서 살펴보면 생명체는 '생기(Vital Force)'에 의해 생명을 가지고, 이것이야말로 생명과 무생명을 구분하는 중요한 특징이다. 대표적인 생기론은 갈레노스가 주장했던 '프네우마(Pneuma)'다. 프네우마는 '호흡'을 뜻하는 그리스어에서 유래한 것으로, 갈레노스는 혈액과 프네우마가 소통하면서 생명을 유지한다고 믿었다. 하지만 베르나르에게 생기론은 결정론을 초월하며 생명을 초자연적인 것으

레옹 오귀스탱 레르미트(Léon-Augustin Lhermitte), **〈클로드 베르나르와 그의 학생〉, 1889년 작품.** 레르미트는 사실주의에 감상적인 분위기를 더한 그림을 주로 그렸던 프랑스 화가로서 종교화나 농민회화를 많이 그렸다. 이 그림은 학생들 앞에서 생체실험을 하는 베르나르의 모습을 그린 것이다.

로 간주하는 일이었다. 그는 이러한 믿음이 무지를 조장하고 의학 발전을 더디게 한다고 보았다.

베르나르는 '의학은 엄격하고 면밀한 실험이 뒷받침되어야 한다'고 생각했다. 1865년에 출간한 『실험의학서설』에서 그는 '과학의 출발점은 관찰이고, 종착점은 실험'이라고 주장했다. 가설을 세우고 관찰과 실험을 통해 이를 입증함으로써 의학이 진정한 과학이 될 수 있다는 자신의 신념을 잘 보여준다.

베르나르는 살아 있는 동물을 해부함으로써 인체 생리학을 체계적으로 연구할 수 있다고 생각했다. 그는 생체실험을 통해 여러 업적을 쌓았는데, 대표적인 것이 글리코겐의 발견이다. 그는 간으로 들어가는 혈당보다 간에서 나오는 혈당이 더 많다는 사실을 의아하게 생각했다. 그래서 개의 간을 꺼내 실험실에 하루 정도 보관했고, 간에서 혈당이 더 증가한 사실을 확인했다. 그 결과 혈당을 보급하는 물질이 간에 있다는 사실을 밝혀냈다. 그리고 화학실험을 통해 그 물질을 분리했는데, 바로 글리코겐이다.

베르나르는 이 실험을 통해 '내분비(Endocrine)'라는 용어를 최초로 사용했다. 사람이 탄수화물을 섭취하면 그 일부는 간에서 글리코겐으로 저장된다. 그리고 필요한 경우, 글리코겐은 당으로 전환된다. 다시 말해 간에서 글리코겐을 이용해 신체의 혈당을 유지한다. 이는 인체가 외부 물질만을 이용하는 것이 아니라 스스로 필요한 물질을 만드는 역할도 한다는 것을 의미한다. 베르나르가 몸속에서 스스로 분비하는 물질을 지칭하는 용어를 만든 것이다.

동물실험, 논란의 대상에서 뜨거운 감자로

베르나르의 스승인 프랑수아 마장디(François Magendie)는 상당히 잔인한 동물실험을 했다. 어린 동물에게 독극물을 주사하거나 뇌의 일부를 제거한 채 실험하기도 했다. 이러한 실험을 지켜보던 베르나르는 생체실험이 너무 가혹하다고 생각해서 생명을 존중하는 방법을 찾고자 했다. 그래서 생체실험이 의학이나 과학의 발전에 도움이 되더라도 피실험자에게 해를 끼칠 수 있는 실험은 하면 안 된다는 원칙을 세웠고, 이 원칙에 따라 생체실험을 수행했다. 자기 나름의 윤리 원칙을 정한 것이다.

1903년 2월, 영국 생리학자 윌리엄 베일리스(William Bayliss)는 수업에서 살아 있는 개를 해부했다. 이때 제대로 마취하지 않아 개에게 고통을 줬다는 이유로 신문에 크게 보도되었

윌리엄 베일리스 수업에서 해부된 갈색 개를 기념하는 동상. 1907년에 의대생의 폭동으로 파괴되었다.

다. 이는 곧 동물실험에 대한 찬반 논란으로 확대되었다. 알크마이온 시대부터 해왔던 동물실험이 처음으로 논란의 대상이 된 것이다.

20세기 초, 의학의 급속한 발전은 비윤리적 동물실험을 중단하기에는 너무나 효과가 컸다. 동물실험은 생명의 작동 원리와 질병 발생 원리를 규명하고, 치료제를 개발하기 위해 사용되었다. 미용을 위한 화장품 개발에도 사용되면서 동물실험은 더욱 확대되었다.

동물실험은 오늘날 전 세계적으로 뜨거운 감자다. 세계적으로 동물실험 때문에 사라지는 동물의 수가 무려 1억 2천 마리 이상이다. 2022년 12월, 미국 조 바이든(Joe Biden) 대통령은 동물실험 의무화 조항을 삭제한 법 개정안에 서명했다. 이 법은 미국 상원에서 만장일치로 통과되었다. 동물대체시험법에 대한 관심이 증가하면서 불필요한 고통을 줄여야 한다는 분위기가 확산하고 있다.

이러한 상황에서 무려 150여 년 전에 동물실험의 윤리적 원칙을 확립하고 이를 따르려 했던 베르나르는 오늘날 우리에게 많은 것을 시사한다. 중요한 것은 과학을 넘어 인간뿐만 아니라 모든 생명을 존중하는 태도다.

PART 2

호기심과 잔혹함의 경계, 프리드리히 2세의 생체실험

신성로마제국의
탄생부터 팽창까지

I

카롤루스 대제의 전쟁과 문화 부흥

11세기 말쯤 프랑스의 서사시는 구전으로 전달되어 오늘날까지 전해진다. 저자가 누구인지는 정확하게 알 수 없다.

수많은 전쟁을 치른 왕은 이슬람교가 지배하는 이베리아반도 원정을 계획했다. 기사를 교섭자로 보내야 했는데, 한 기사가 의붓아버지를 추천했다. 이에 불만을 품은 의붓아버지는 그를 죽이기로 결심하고, 이베리아반도 통치자를 부추겨 전쟁을 일으켰다. 결국 기사는 전쟁터에서 사망하고, 분노한 왕은 의붓아버지와 그를 지지하는 귀족을 처형했다. 이는 기사도

문학의 정수로 알려진 「롤랑의 노래(La Chanson de Roland)」다.

롤랑은 프랑크 왕국의 카롤루스 대제(Carolus Magnus)의 팔라딘이었다. 팔라딘은 카롤루스 궁정 내에서 가장 뛰어난 전사를 의미한다.

롤랑은 '뒤랑달'이라는 검을 지니고 있었다. 이는 원래 천사가 카롤루스 대제에게 내려준 검이었는데, 롤랑의 공적을 치하하며 그에게 하사했다. 롤랑이 사망하기 전에 적에게 뒤랑달을 넘기지 않으려고 바위에 내리쳤는데 오히려 바위가 쪼개졌다는 이야기는 매우 유명하다. 롤랑을 비롯한 카롤루스 대제의 12팔라딘은 영국 전설에 등장하는 아서(Arthur) 왕의 '원탁의 기사' 원형으로 알려져 있다.

프랑크 왕국은 481년에 게르만족의 일부인 프랑크족이 세운 국가다. 서유럽과 중부 유럽을 지배했고, 오늘날 프랑스, 독일, 이탈리아의 기원이다. 프랑크 왕국의 첫 번째 왕조는 메로빙거 왕조였다. 클로비스 1세(Clovis I)와 프랑크족은 오늘날 네덜란드에 정착했는데 적으로 둘러싸여 있었다. 서로마 제국의 몰락 이후 남은 세력이 프랑스에 머물렀고, 이탈리아 북부의 알프스 산맥에는 부르군트 왕국이 있었다. 프랑스 남부에는 서고트 왕국이, 스페인 북쪽에는 랑고바르드족이 유랑했다.

클로비스 1세는 주변의 프랑크족을 통합하고 원정을 시작

시몽 마르미옹(Simon Marmion), **〈롤랑의 노래〉, 15세기경 작품.** 시몽은 15세기 종교화가로서 세밀화 채색으로 큰 명성을 얻었다. 주로 수도원이나 성당을 위한 그림을 아름답게 채색해서 신앙심 고취에 큰 역할을 담당했다.

했다. 프랑스에 남은 서로마 제국의 세력을 몰아냈고, 당시 이탈리아반도를 통치했던 동고트 왕국과 결혼을 통한 동맹관계를 수립했다. 자신은 부르군트 왕국의 공주와 결혼했다. 이 과정에서 클로비스 1세는 기독교로 개종했다. 그의 개종은 엄청난 반향을 불러일으켰다. 당시 로마 제국의 여러 식민지에서는 프랑크족을 이방인 혹은 미개인으로 취급했는데, 클로비스 1세가 기독교로 개종하고 이를 국교로 삼자 프랑크 왕국에 호의적인 태도를 보인 것이다.

클로비스 1세의 사망 이후 프랑크 왕국은 4개로 분할되었고, 영토를 둘러싼 내전이 발발했다. 내전은 무려 100년 동안 이어졌다. 614년에 파리에서 열린 공의회에서는 내전 이후 프랑크 왕국을 통치하기 위한 칙령이 발표되었다. 교회는 교육과 과학 연구를 책임지고, 귀족은 판사와 백작 지위를 독점 및 세습할 수 있게 되었다. 왕은 귀족의 권리를 침해하지 않고, 범죄자는 현장에서 검거되지 않는 한 함부로 사형에 처해지지 않도록 했다. 그리고 유대인의 관직 임명을 폐지했다. 그러나 오랜 내전으로 메로빙거 왕조는 점차 몰락했고, 결국 궁재(宮宰)가 권력을 장악했다.

궁재는 원래 세금을 징수하거나 성을 관리하는 업무를 담당하는 직책이었다. 이후 메로빙거 왕조 후기에는 권한이 확대되어 세습직이 되었다. 무력한 왕이 계속 등장하면서 왕조차도 함부로 건드리지 못하는 그야말로 왕국의 실세가 된 것이다. 프랑크 왕국의 피핀 2세(Pepin II of Aquitaine) 때부터 카롤루스 가문이 궁재직을 세습했다. 피핀 2세가 사망한 후에는 어린 아들이 궁재로 임명되었다.

피핀 2세에게는 카롤루스 마르텔(Charles Martel)이라는 서자가 있었다. 궁재가 어리고 권력이 약하자 여러 귀족들이 반란을 일으켰고, 마르텔은 도피했다가 권력을 장악해서 궁재가 되었다. 내전으로 왕위가 공석이었을 때 그는 임시로 프랑크 왕국을 통치했지만, 왕이 되지는 않았다. 그러나 그의 아들 피핀 3세(Pippin III the Short)가 메로빙거 왕조의 왕을 폐위하고 스스로 왕위에 올랐다. 교황의 도움이 컸다.

교황령은 중세부터 근대까지 교황이 다스리던 영지를 의미한다. 이탈리아 로마에 있는 산 조반니 인 라테라노 대성당은 로마 교구의 주교좌 성당이다. 흔히 '모든 성당의 어머니'라 불린다. 이 성당은 원래 로마 제국 초기의 라테라누스 가문의 저택이었다. 312년에 밀비우스 다리 전투에서 승리한 콘스탄티누스 1세가 기독교를 공인하면서 교황에게 기증했다.

서로마 제국이 멸망하고 동로마 제국이 이탈리아반도를 되찾았지만, 이후 랑고바르드족의 공격으로 동로마 제국의 영역은 로마와 중부의 라벤나, 남부의 칼라브리아로 제한되었다. 동로마 제국은 584년에 라벤나 총독부를 수립하고 총독을 파견해서 이 지역들을 통치했다. 당시 교황 자카리아(Zaccaria)는 교황령 수호에 매우 적극적이었다. 이를 위해 그는 프랑크 왕국과의 관계를 중요하게 생각했는데, 피핀 3세가 반란을 일으킬 때 그의 편을 들었다.

결국 751년에 라벤나 총독부는 랑고바르드 왕국에 함락되었다. 당시 교황 스테파노 2세(Stephen II)는 프랑크 왕국의 피핀 3세에게 도움을 요청했고, 피핀 3세는 군대를 이끌고 랑고바르드 군대를 무찔러 라벤나 총독부의 영토를 교황에게 되돌려주었다.

이후 피핀 3세는 756년에 로마 원정을 통해 교황령을 기증했다. 교황령은 1870년에 이탈리아 통일전쟁으로 폐지되었다가 1929년에 독재자 베니토 무솔리니(Benito Mussolini)와 교황 비오 11세(Pius XI) 간 조약을 통해 다시 탄생했다. 이것이 바티칸 시국이다.

프랑크 왕국에는 왕의 사후 영토를 나눠서 상속하는 전통이 있었다. 이는 오랫동안 왕국의 내전을 유발하는 중요한 요인이었다. 피핀 3세 역시 자신의 두 아들에게 영토를 나누어 상속했다. 큰아들 카롤루스는 프랑크 왕국의 북동쪽인 아우스트라시아와 프랑스 남부 지역인 아키텐 공국의 서북부 지역을 물려받았고, 둘째 아들 카를로만(Carloman)은 프랑스 동부인 부르고뉴와 아키텐 공국의 남동쪽을 물려받았다.

아키텐 공국은 피핀 3세의 오랜 원정 끝에 항복한 지역으로, 독립을 주장하면서 반란을 일으켰다. 카롤루스는 반란 진압을 위해 동생에게 도움을 요청했지만, 형과 사이가 좋지 않았던 그는 이를 무시했다. 더욱이 카를로만은 카롤루스를 몰아내기 위해 랑고바르드 왕국과 동맹을 맺기도 했다. 하지만 카를로만이 사망하면서 동맹은 파기되었고, 카롤루스는 프랑크 왕국을 혼자 통치하게 되었다.

프랑크 왕국은 오랫동안 전쟁을 기반으로 국가를 통치했다. 전쟁에서의 승리는 왕국의 경제적 번영을 의미했다. 카롤루스 역시 끊임없이 전쟁을 치렀다. 당시 랑고바르드 왕국은 교황청으로 군대를 파견해 교황을 위협했고, 교황은 카를로만의 아들이 프랑크 왕국의 정당한 상속자라고 인정했다. 군대와 무력에 굴복한 것이다.

하지만 카롤루스는 여전히 교황을 지지하기로 하고, 알프스산맥을 넘어 랑고바르드 왕국을 몰락시켰다. 그는 프랑크 왕국의 왕이자 랑고바르드의 왕이 되었다.

카롤루스의 전쟁은 이탈리아반도에만 국한하지 않았다. 그의 원정은 대부분 작센족과의 전쟁이었다. 작센족은 게르만족의 일파로, 오늘날 북독일 지역에 거주했다. 이들 중 일부는 잉글랜드를 정복해서 앵글로색슨족이 되었다. 서로마 제국이 몰락한 이후 작센 왕국을 수립했고, 다른 게르만족과 달리 전통 종교를 믿었다.

카롤루스는 이교를 처단하고 개종한다는 명분으로 작센 왕국과 빈번한 전쟁을 일으켰고, 전쟁은 무려 33년 동안 지속되었다. 결국 작센 왕국은 프랑크 왕국에 병합되었고, 이 전쟁을 통해 카롤루스는 기독교의 수호자가 되었다.

기독교의 수호자로서 카롤루스의 전쟁은 이베리아반도에서도 일어났다. 그는 당시 이베리아반도를 통치했던 이슬람교와의 전쟁에서 기독교를 보호하려 했다. 이베리아 원정은 실패로 끝났지만, 이후 프랑크 왕국은 바르셀로나를 중심으로 하는 카탈루냐 지역에 에스파냐 변경백령을 설립하고, 이 지역에서 기독교가 유지되는 데 영향을 미쳤다.

카롤루스가 끊임없이 전쟁만 일으켰던 것은 아니다. 글을 쓸 줄 몰랐던 그는 문화 부흥에 많은 관심을 가졌다. 그래서 역사학자는 이 시기를 '카롤링거 르네상스'라고 부르기도 한다. 카롤루스는 유럽의 여러 지역에서 뛰어난 학자와 인재를 모아 소모임을 만들었다. 이 소모임에는 신학을 비롯해 법학,

논리학, 천문학 등 다양한 분야의 지식인이 참여했고, 이들 중 일부는 카롤루스의 고문관으로 임명되기도 했다.

카롤루스는 학교 설립에도 적극적이었다. 789년의 칙령을 통해 학교를 설립하고 교양을 갖춘 성직자를 배출하도록 했다. 당시 학교에서 가르치던 교과목은 성경, 문학, 과학 등이었다. 특히 로마 시대의 작품과 종교 문서를 필사해 수도원에 보관했다. 어떤 수도원에서는 필사본을 수백 권 이상 보관하기도 했다. 필사본을 단순히 보관하는 것뿐만 아니라, 다른 국가의 수도원에도 대여해줘서 지식과 학문을 공유하는 네트워크를 적극적으로 구축했다.

신성로마제국의 탄생부터 몰락까지

유난히 '최초'라는 수식어가 많이 붙는 화가가 있다. 바로 알브레히트 뒤러(Albrecht Dürer)다. 그는 1500년에 유럽 최초로 자신의 정면 모습을 자화상으로 그렸다. 당시 유럽에서 정면 모습은 성화에서나 등장했기에 이를 고려하면 파격적인 그림이었다. 놀랍게도 최초의 누드 자화상을 그리기도 했다. 편지와 일기로 자신의 일생을 기록한 최초의 북유럽 화가이자 수

채화와 독립 풍경화를 그린 최초의 화가이기도 했다. 호기심과 탐구심이 많아서 사람들은 그를 '북유럽의 레오나르도'라고 불렀다.

알브레히트 뒤러는 독일의 국왕이자 오스트리아의 대공 막시밀리안 1세(Maximilian I)의 적극적인 후원을 받았다. 막시밀리안 1세는 교황 율리오 2세의 동의로 신성로마제국 황제로 선출되었으나 대관식은 치르지 못했다.

독일 국왕에게 교황의 대관식은 매우 중요했다. 독일 왕국이 로마 제국의 적법한 후계국임을 표방하는 자리였기 때문이다. 이는 교황의 지지를 얻는 계기였고, 더 나아가 이탈리아 반도와 교황권을 지배하는 동기였다.

원래 로마 제국의 후계국으로 지명된 나라는 프랑크 왕국이었다. 랑고바르드 왕국을 몰락시켜 교황령을 지킨 덕분에 카롤루스는 로마 제국의 황제가 되었다. 800년의 크리스마스에 카롤루스는 성 베드로 성당에서 로마 제국의 황제관을 썼다. 동로마 제국의 황제 미카엘 1세는 매우 격분했지만, 카롤루스가 문서에서 자신을 황제라고 칭하지 않았기 때문에 그를 인정할 수밖에 없었다. 그 결과 유럽에는 로마 제국의 황제와 동로마 제국의 황제, 즉 2명의 황제가 존재하게 되었다.

그러나 카롤루스가 죽고 난 후 프랑크 왕국이 분열했다.

프리드리히 카울바흐(Friedrich Kaulbach), 〈샤를마뉴의 대관식〉, 1861년 작품. 독일 화가 카울바흐는 1850년에 신성로마제국 황제 막시밀리안 2세(Maximilian II)로부터 카롤루스의 대관식 그림을 의뢰받아 이 그림을 완성했다. 독일 왕국이 신성로마제국을 계승한다는 것을 강조하기 위해 그린 것으로, 매우 섬세하고 빛이 나는 작품으로 유명하다.

843년에 체결된 베르됭 조약으로 프랑크 왕국은 서프랑크 왕국과 중프랑크 왕국, 그리고 동프랑크 왕국으로 분할되었다.

초기에는 중프랑크 왕국과 이탈리아 왕국의 왕위를 계승하는 사람이 로마 제국의 황제가 되었다. 이후 10세기에 동프랑크 왕국의 오토 1세(Otto I)가 이탈리아반도를 정복했고, 교황 요한 12세(Joannes XII)는 그에게 로마 제국의 황제관을 씌워주었다.

오토 1세는 로마 제국 황제관을 새로 만들었다. 황제관은 팔각형으로 정면에 큰 십자가가 세워져 있다. 황금으로 만들어졌고 사파이어, 루비, 진주 등 보석이 박혀 있어 매우 화려하다. 기록에 따르면 144개의 보석과 그와 유사한 수의 진주가 황제관에 박혀 있다고 한다. 정면의 오른편에는 예수 그리스도가 서 있는 모습이 새겨져 있고, 다윗과 솔로몬의 모습도 있다. 황제관의 뒤쪽에는 아치형의 장식이 있다. 이 장식을 만든 콘라트 2세(Konrad II)가 하느님의 은총을 구하는 글과 '로마인의 왕, 아우구스투스'라는 문구가 새겨져 있다.

오토 1세는 로마 제국 황제로 즉위하면서 자신이 카롤루스의 후계자임을 공표했다. 그러나 카롤루스의 로마 제국과 오토 1세의 로마 제국은 여러 가지 면에서 차이가 있다. 카롤루스의 로마 제국은 프랑크 왕국 전체였지만, 오토 1세의 로마

제국은 동프랑크 왕국에서 발전한 독일 왕국과 이탈리아반도였다. 프랑크 왕국에서 분할된 서프랑크 왕국은 로마 제국의 영토에서 완전히 분리되었다.

또 다른 점은 로마 황제의 선출 방식이다. 카롤루스의 로마 제국에서 황제는 혈통에 따라 계승되었다. 그래서 그의 아들인 루이 1세(Louis I the Pious)와 손자 로타르 1세(Lothar I)가 로마 제국 황제가 되었다. 그러나 오토 1세가 통치했던 독일 왕국에서는 게르만족의 전통을 바탕으로 공국 제후들의 선출에 따라 황제를 결정했다.

황제의 권한 역시 달랐다. 카롤루스에게 로마 제국 황제는 일종의 명예였지만, 오토 1세는 로마 황제의 권한으로 공국 제후에게 통치권을 행사했다.

로마 제국은 12세기 중반부터 신성로마제국으로 불리기 시작했다. 이 시기에 로마 제국 영토는 가장 넓게 확대되어 오늘날 독일과 이탈리아반도를 통일했다. 독일 왕국의 프리드리히 1세는 로마 제국에 '신성'이라는 용어를 덧붙였다.

1250년대부터 로마 제국은 신성로마제국으로 불렸고, 16세기에는 이탈리아반도와 부르고뉴 영토의 대부분을 상실하면서 독일인의 신성로마제국으로 변경되었다. 1806년에 신성로마제국은 해체되었고 이탈리아반도를 제외한 다수의 영토는 독일로 편입되었다.

18세기 프랑스 계몽사상가인 볼테르(Voltaire)는 신성로마제국에 대해 다음과 같은 말을 남겼다.

"스스로 신성로마제국이라 칭했고 아직도 칭하고 있는 이 나라는 딱히 신성하지도 않고, 로마도, 제국도 아니다."

볼테르의 지적처럼 신성로마제국은 결코 제국이라 볼 수 없었다. 수십 개 혹은 수백 개의 공국으로 구성되었고 제후가 존재했기 때문이다. 신성로마제국 황제의 통치를 받는 공국도 있었지만, 이는 매우 소수였다. 신성로마제국 황제는 독립적으로 제국을 다스릴 수 없었다. 교황의 협력으로 신성로마제국 황제가 되었지만 점차 교황과의 갈등이 심해졌고, 황제의 권력은 약화하기 시작해 결국 중앙집권에 실패했다.

교황과 황제의 갈등, 카노사의 굴욕

신성로마제국의 오토 1세는 황제의 권한을 강화하기 위해 제국교회정책을 시행했다. 교회 주교는 성직자와 신자에 대한 종교적 지배권을 가지고, 결혼이 금지되어 이러한 권리를 세속할 사람이 없다. 그래서 황제가 주교를 임명하면 재산권을 비롯해 교회에 지배권을 행사할 수 있었다. 신성로마제국에서 주교는 성직자인 동시에 제후였다. 그러나 10세기 이후, 교회가 부패하고 타락하면서 황제의 성직자 서임권에 대한 불만이 증가했다.

서임권을 둘러싼 황제와 교황의 갈등은 11세기 초에 절정에 달했다. 당시 교황으로 즉위한 그레고리우스 7세(Gregorius VII)는 클뤼니 수도원 출신이었다. 프랑스 부르고뉴에 있는 클뤼니 수도원은 교회의 세속화를 반대하면서 수도원 개혁운동을 주도했다. 이들은 성 베네딕트의 계율을 원칙으로 삼았는데, 이는 하느님의 뜻에 절대 복종하고 결혼하지 않고 순결을 지키며 검소한 생활을 하는 것이었다.

이와 더불어 황제나 제후의 영향력에서 벗어나 스스로 수도원장을 선출했다. 이들의 개혁운동은 프랑스를 벗어나 유럽 전역으로 확산되었다.

그레고리우스 7세는 강력한 교황권을 수립하려 했다. 그래서 성직자 임명권은 황제가 아닌 교황과 교황청에 있다고 선언하면서 신성로마제국 황제 하인리히 4세에게 밀라노 주교 선출에 관여하지 않도록 요청했다. 그러나 하인리히 4세는 주

에두아르트 슈보이저(Eduard Schwoiser), 〈카노사의 하인리히〉, 1862년경 작품. 독일에서는 카노사의 굴욕을 통해 하인리히 4세의 강인한 의지를 표현하고자 했다.

교 선출 권리를 행사했고, 결국 교황은 그를 파문했다.

『가톨릭 교회 교리서』 1,463항에서는 '파문'을 교회의 가장 엄한 벌로 규정한다. 파문을 당하면 성체 성사를 받지 못하고 교회 활동도 하지 못한다. 파문을 취소하는 권한은 주교와 교황, 그리고 이들로부터 권한을 받은 사제만 가진다. 교회에 복종하지 않는 사람을 공동체에서 제외하는 것은 가장 강력한 제재 수단이다.

교황의 파문은 하인리히 4세에게 예상치 못한 위기였다. 그의 아버지인 하인리히 3세(Heinrich III)는 3명의 교황을 폐위하고 새로운 교황을 선출했다. 그리고 새로운 교황이 거행하는 대관식을 통해 신성로마제국의 황제로 즉위할 정도로 막강한 권력을 행사했다.

그러나 하인리히 4세가 파문당하자 여러 지역에서 반란이 일어났다. 이를 진압하기 위해서는 무엇보다 교황과의 화해가 필수였다.

하인리히 4세는 교황에게 서신을 보내 독일 남부에 있는 아우크스부르크에서 만나자고 요청했다. 그러나 이를 군사적 위협으로 생각한 그레고리우스 7세는 황제의 요청을 거부했다. 하인리히 4세는 교황을 만나기 위해 이탈리아반도로 가야만 했다. 이에 교황은 이탈리아반도 북부에 있는 카노사성으로 피했다. 하인리히 4세가 카노사성에 도착한 시기는 1월 말이었다. 그는 추위에도 불구하고 누추한 옷을 입고 맨발인 채로 교황과의 만남을 요청했고, 결국 사흘이 지나 교황은 그의 파문을 취소했다.

사면을 받은 하인리히 4세는 신성로마제국으로 돌아가 반란을 진압했다. 그러나 하인리히 4세가 반란을 거의 진압하자 교황은 태도를 바꾸어 다시 하인리히 4세를 파문했다.

교황의 두 번째 파문은 오히려 하인리히 4세에게 도움이 되었다. 많은 제후가 황제의 편을 든 계기가 된 것이다. 결국 하인리히 4세는 반란을 진압했고 로마를 정복했다. 그레고리우스 7세는 유폐되었고, 하인리히 4세는 자신이 세운 교황 클레멘스 3세(Clemens III)가 거행하는 대관식을 통해 신성로마제국 황제가 되었다. 그리고 종교에 맞서 싸운 위대한 황제로 칭송받았다.

성직자 서임권을 둘러싼 분쟁은 1122년에 오늘날 독일 남서부 라인란트팔츠주에 있는 보름스에서 체결된 협약으로 일단락되었다.

당시 신성로마제국 황제 하인리히 5세(Heinrich V)와 교황 갈리스토 2세(Callistus II)는 교회법에 근거한 선거를 통해 성직자를 임명하는 데 동의했다. 서임권을 되찾은 교황의 권력은 정점에 달했고, 신성로마제국에서는 황제의 권한을 강화하려는 시도가 지속해서 나타났다.

프리드리히 1세의 권력 투쟁

성직자 서임권을 둘러싼 신성로마제국 황제와 교황의 분쟁에서 교황이 승리했다. 그 결과 황제의 권력이 약화되기 시작했다. 이 시기에 신성로마제국 황제로 즉위한 프리드리히 1세(Friedrich I)는 카롤루스가 통치했던 강력한 제국을 이상향으로 삼고, 이를 위해 활발한 정복 전쟁을 벌였다. 그 결과 폴란드 왕국과 헝가리 왕국을 정복했고 오스트리아 공국을 새로 수립했다. 또한 6차례에 걸쳐 이탈리아반도를 원정하면서 시칠리아 왕국의 계승권까지 얻었다.

프리드리히 1세는 교황의 권력보다 황제 권력의 우위를 주장했다. 교황의 권력과 왕의 권력 간에 우위를 점하기 위한 분쟁이 오랫동안 있었다. 로마 제국의 영토가 확대되면서 게르만족을 비롯한 이민족이 로마화하기 시작했다. 다수의 이민족은 로마 문명을 수용하고 기독교로 개종했는데, 교회에서는 기름이나 향유를 붓는 의식인 도유식(塗油式)을 통해 정통성을 인정했다.

이후 프랑크 왕국의 왕들은 랭스 대주교의 대관식을 받아야 정통성을 인정받을 수 있었다. 독일 왕국에서도 새로운 왕이 즉위하면 프랑크 왕국의 수도였던 아헨에서 쾰른 대주교가 대관식을 치렀다. 신성로마제국 황제 역시 교황이나 대리인에게 대관을 받아야만 정통성을 인정받았다. 로마 제국의 몰락 이후 세속 군주의 보호가 필요한 교회와 교황의 권위가 필요한 군주의 상호합의에 의한 것이었다.

그러나 서임권 투쟁 이후 교회는 왕의 권력보다 자기가 우위라고 주장했다. 그 근거는 바로 '콘스탄티누스의 기증서'였다. 이 기증서는 로마 황제 콘스탄티누스 1세가 교황 실베스테르 1세(Sylvester I)에게 작성한 문서다. 문서에는 기독교인이 되게 한 보답으로, 로마 제국의 동쪽을 황제가 관리하고 서쪽은 교황과 그 후임에게 맡긴다고 되어 있다. 15세기에 이탈리아 인문주의자 로렌초 발라(Lorenzo Valla)가 이 문서를 감정해 위서임을 밝힐 때까지 기증서의 내용이나 효력을 의심하는 사람은 아무도 없었다.

왕 혹은 황제는 세속 군주의 고유한 권한을 주장할 이론적 권리를 찾기 시작했다. 이들은 수많은 학자를 동원해 『구약성서』에 등장하는 이스라엘 왕국에서도 왕이 제사장보다 높은

외젠 들라크루아, 〈십자군의 콘스탄티노플 입성〉, 1840년 작품. 제4차 십자군 원정은 예루살렘이 아닌 콘스탄티노플을 점령해, 동로마 제국이 몰락했다. 폐위된 동로마 제국 황제의 아들 알렉시오스(Alexius)는 십자군이 콘스탄티노플을 공격해서 빼앗긴 제위를 찾아달라고 요청했고, 이에 대한 대가로 십자군의 빚을 탕감하고 이집트 원정 비용을 지불하기로 했다.

지위였다고 주장했다.

이러한 주장은 후일 '군주는 신으로부터 권한을 부여받은 존재'라는 강력한 왕권신수설로 이어졌다. 프리드리히 1세는 강력한 군주의 권한을 적극적으로 옹호했지만, 결국 교황의 교회 지배권을 인정하고 교황은 황제의 권위를 지지한다는 원칙에 합의했다.

프리드리히 1세의 십자군 전쟁

프리드리히 1세는 교회와의 타협을 이끄는 것뿐만 아니라 기사도의 전설로도 잘 알려져 있다. 그는 제3차 십자군 전쟁에서 유럽의 여러 국가 중 가장 많은 병력을 이끌고 참전했다. 여러 기록에 따르면 프리드리히 1세가 이끈 병력이 10만 명 이상이지만 이는 상당히 과장된 것이라고 한다. 실제 병력은 대략 1만 5천 명 정도였을 것으로 추정한다.

십자군 전쟁은 11세기 말부터 13세기 말까지 예루살렘을 비롯해 레반트 지역의 지배권을 둘러싸고 기독교 국가와 이슬람 사이에서 발생한 전쟁이다. 1071년에 동로마 제국은 이슬람 제국에게 패배해 중요한 기반이었던 아나톨리아반도 대부분을 상실했다. 영토 회복을 위해 동로마 제국은 교황에게 사절단을 파견했고, 당시 교황 우르바노 2세(Urbanus II)는 여론을 조성해 십자군 전쟁을 시작했다. 학자에 따라 다르지만 대체로 제9차 원정까지 진행한 것으로 정의한다.

일반적으로 십자군 전쟁은 기독교의 성지인 예루살렘을 회복하기 위한 종교 전쟁으로 알려져 있다. 원래 예루살렘을 비롯한 레반트 지역은 기독교의 중심지였지만, 7세기 중반에 이슬람교가 등장하면서 이슬람 제국의 영토가 되었다. 예루살렘 순례자 중에서 납치나 약탈을 당한 사람이 매우 많았고, 이들이 이슬람 세력의 종교적 박해를 받는다는 소문이 전해지면서 십자군 전쟁은 성스러운 전쟁으로 변했다.

그러나 십자군 전쟁의 동기가 단순히 종교만은 아니다. 당시 서유럽의 여러 국가는 다양한 문제에 직면했다. 교회는 가톨릭과 그리스정교회로 분열했고, 서임권을 둘러싼 교황과 신성로마제국 황제의 갈등은 심화했다. 동로마 제국의 요청은 교황과 교회의 권위를 높이는 좋은 기회였다. 교회에서 사후에 당하는 벌을 면해주는 대사를 얻기 위해 전쟁에 참여한 사람도 있었고, 당시 유럽은 장자에게만 재산과 권력을 상속했기 때문에 새로운 영지를 얻기 위해 전쟁에 참여하는 사람도 있었다. 그야말로 십자군 전쟁은 다양한 동기와 이해관계가 복잡하게 얽혀 있었다.

제3차 십자군 원정은 약 200년간 지속된 십자군 원정 중 최고 수준이었다. 당시 십자군 원정에 참전한 왕의 자질이나 능력은 매우 뛰어났으며 군대의 규모 역시 엄청났다.

제3차 십자군 원정에 참전한 왕으로는 흔히 '사자심왕'으로 알려진 잉글랜드의 리처드 1세(Richard I)와 '존엄왕'으로 불린 프랑스의 필리프 2세(Philippe II)가 있다. 기독교 군대를 물리치고 예루살렘을 회복한 이슬람 지도자 살라딘 유수프(Salahaddin Yusuf) 역시 관대하고 자비로운 군주로 덕망이 높았다.

제2차 십자군 원정이 실패한 이후, 예루살렘 왕국은 팔레스타인을 회복했다. 그리고 이집트를 정복할 계획을 세웠다. 당시 이집트는 내전이 벌어지고 있었고, 예루살렘 왕국은 알렉산드리아를 점령했다. 일시적이지만 기독교는 예루살렘과 알렉산드리아를 포함한 5개의 교구를 모두 회복했다. 더 나아가 이집트 전체를 점령하기 위해 카이로를 공격했지만 실패했다. 결국 예루살렘은 다시 이슬람 제국의 지배를 받게 되었다.

유럽 전역은 큰 충격에 휩싸였다. 이에 따라 교황 그레고리오 8세(Gregorio VIII)는 예루살렘을 회복하기 위한 십자군을 결성하고, 제3차 십자군 원정을 시작했다. 유럽의 많은 지역에서 왕과 귀족이 십자군에 참여했다. 신성로마제국의 프리드리히

1세 역시 이 원정에 참여했다. 그러나 당시 70세에 가까웠던 그는 전쟁터에서 사망하고 만다.

프리드리히 1세는 붉은 턱수염 때문에 '바르바로사'라는 별명을 가졌다. 신성로마제국과 독일에는 유명한 전설이 전해진다. 독일의 어느 산 동굴에서 프리드리히 1세와 그의 기사들이 잠들었는데, 위기일 때 바르바로사가 등장해 적을 무찌르고 독일이 다시 위대한 제국이 된다는 것이다.

제2차 세계대전 동안 나치 독일은 독소 불가침 조약을 깨고 소련을 침공했는데, 당시 작전명이 '바르바로사'였다. 인류 역사상 가장 많은 병력을 동원한 단일 군사 작전으로 독일의 승리를 확신했다. 그러나 소련 정복에 실패했고, 나치 독일은 전쟁에서 패배했다.

하인리히 6세와 프리드리히 2세의 십자군 전쟁

2

분쟁 해결에 평생을 바친 하인리히 6세

프리드리히 1세의 갑작스러운 사망으로 인해 그의 아들 하인리히 6세(Heinrich VI)가 신성로마제국의 황제로 선출되었다. 그는 신성로마제국에서 발생한 매우 유명한 사고의 생존자였다. 당시 신성로마제국에는 프리드리히 1세의 막강한 위협 세력이 존재했다. 바로 하인리히 사자공(Heinrich der Löwe)이다. 그는 적극적인 영토 확장을 통해 새로운 도시를 건설했고, 신성로마제국 역사상 가장 넓은 영토를 지배한 제후 중 한 사람이었다. 결국 영토 문제로 프리드리히 1세와 대립하다가 이탈리아반도 원정 때 황제의 지원 요구를 거부해 원망을 사고 말았다. 사자공은 잉글랜드로 도망갔고, 그의 영지는 황제를 지지한 귀족에게 분배되었다.

그런데 영토 분배를 둘러싸고 귀족 간에 분쟁이 발생했고, 이는 2년 이상 지속되었다. 당시 폴란드 왕국을 점령하기 위해 군대를 이끌고 이동하던 하인리히 6세는 분쟁 지역인 오늘날 튀링겐에 있는 에어푸르트를 경유했다. 그는 분쟁을 해결하기 위해 제국의회를 개최했다. 이는 당시에 많은 귀족들이 관심을 둔 대상이었다. 영토 분쟁이 튀링겐 귀족과 마인츠 대주교 사이에서 발생한 것으로 세속 군주와 교회의 다툼이었기 때문이다.

수많은 귀족들이 의회에 참석하고자 에어푸르트에 모였다. 하인리히 6세가 회의를 개최하는 순간 사고가 발생했다. 많은 사람을 수용하기가 부족해진 탓에 바닥이 무너지면서 여러 사람이 떨어진 것이다. 회의 장소가 2층이었는데 일부 사람은 지하의 화장실 배수로까지 떨어졌다. 추락하지 않은 사람은 창문가에 있던 하인리히 6세와 마인츠 대주교, 그리고 일부 수행원뿐이었다. 하인리히 6세는 사다리로 겨우 구출되었다.

문제는 추락한 사람들이 빠진 곳이 배수로였다는 점이다. 당시 배수로는 실제로 대소변을 모아둔 곳이었기 때문에 많은 사람들이 유독가스에 중독되어 사망했다. 추락으로 사망한 사람도 많았다. 기록에 따르면 사망자 수가 60명 이상이었다. 제국의회는 취소되었고, 하인리히 6세는 끔찍한 트라우마를 얻은 채 돌아왔다. 역사상 가장 충격적이고 어이없는 사고 중 하나로, 오늘날까지도 회자되는 사건이다.

프리드리히 1세의 사망으로 황제가 된 하인리히 6세는 사자공의 지속적인 반란에 대응해야만 했다. 아버지와 마찬가지로 이탈리아반도를 계속 공격했지만 원정은 실패했다. 신성로마제국 내에서는 황제에게 반대하는 세력이 점차 확대되었다. 그런데 제3차 십자군 원정에 참전했다가 잉글랜드로 귀국하던 리처드 1세를 포로로 잡았다. 왕의 석방을 대가로 엄청난 돈을 받은 하인리히 6세는 시칠리아 왕국을 점령했다.

하인리히 6세에게는 시칠리아 왕국을 점령한 정당한 명분이 필요했다. 이를 위해 그는 독일 십자군을 소집했다. 십자군과 이슬람 제국 간 휴전이 끝나고, 그는 교황에게 십자군 종군을 서약했다. 그리고 독일 전역에서 군대를 소집했다. 제3차 십자군 원정에 참전하지 못했던 귀족과 주교들이 종군을 선언했고, 1만 명 이상의 병력을 소집했다. 십자군 원정을 위해 하인리히 6세는 아들에게 신성로마제국 황제를 세습하려 했지만 실패했다. 그리고 시칠리아 왕국에서 지속적으로 발생한 반란을 진압하기 위해 준비하던 중 갑자기 말라리아에 걸려 사망하고 만다.

하인리히 6세의 아들 프리드리히는 당시 나이가 4세였다. 너무 어려서 황제가 될 수 없었기에 하인리히 6세의 동생인 슈바벤 공작 필리프(Philippe of Swabia)가 황제로 즉위했다. 그러나 사자공의 아들이 반란으로 황제로 즉위했다.

긴 내전이 시작되었고, 프랑스와 동맹을 맺은 프리드리히 2세(Friedrich II)가 반란을 진압했다. 그는 1220년에 독일 왕국과 시칠리아 국왕, 그리고 이탈리아 국왕을 겸한 신성로마제국의 황제로 즉위했다.

파문당한 황제와 제6차 십자군 원정

프리드리히 2세는 무려 3차례나 파문을 당한 일로 유명하다. 그래서 당대 사람들은 그를 '기인'이라고 불렀다. 파문 때문에 신성로마제국의 여러 지역에서 반란이 발생하면서 독일과 이탈리아 통치에 많은 어려움이 있었다. 신성로마제국은 점차 분열되었고 황제의 권한은 약화되면서 혼란기에 접어들었다.

프리드리히 2세가 처음 파문당한 것은 제6차 십자군 원정 때문이었다. 당시 교황 그레고리오 9세(Gregorio IX)는 십자군 파병을 조건으로 프리드리히 2세의 즉위를 지지했다. 그러나 파병할 때가 되자 프리드리히 2세는 여러 가지 핑계를 들었다. 황제는 별다른 성과를 내지 못하는 전쟁에서 자신의 군대와 물자를 낭비할 생각이 전혀 없었다. 분노한 교황은 그를 2차례나 파문했고, 결국 마지못해 군대를 이끌고 십자군 원정에 참여했다.

그런데 프리드리히 2세는 당시 예루살렘을 통치하던 아이유브 왕조의 술탄과 몇 차례의 교섭을 통해 예루살렘 통치권 일부를 양도받았다. 대가는 예루살렘을 이슬람 제국이 관리하고 기독교 군대를 상주시키지 않는 것이었다. 이슬람 제국이 약세라고 판단한 교황은 전쟁을 통해 예루살렘 전역을 회복할 수 있다고 믿었지만, 평화 조약의 효과는 매우 컸다. 교황은 프리드리히 2세의 파문을 철회했고, 제6차 십자군 원정은 전쟁에서 마지막으로 성공한 사례가 되었다.

사실 프리드리히 2세는 이슬람 제국과 친밀한 관계를 유지했다. 그는 아이유브 왕조의 술탄 알 카밀(al-Kamel)과 여러 차례 서신을 주고받았고, 천체 관측기를 선물로 받기도 했다. 다른 학문과 종교에 관심이 많고 개방적이었던 프리드리히 2세의 태도는 교황을 매우 불편하게 했다. 그래서 교황은 그를 '무함마드의 추종자'라고 부르기도 했다. 제6차 십자군 원정은 성공했지만, 신성로마제국과 교황의 관계는 극도로 악화할 수밖에 없었다.

교황과의 관계는 좋지 않았지만, 프리드리히 2세는 상당히 합리적이고 개방적인 태도를 보였다. 그는 수학, 물리학, 천문학, 의학 등에 많은 관심을 가졌고, 기독교 외에 다른 종교에도 관용을 베풀었다. 여러 가지 면에서 당대의 다른 군주들과 달랐던 그는 새로운 것에 많은 호기심을 느꼈고, 이는 다양한 실험으로 이어졌다.

'왕좌에 앉은 최초의 근대인'의 관용

3

학문의 중심지 팔레르모와 '최초'의 계몽군주

시칠리아 왕국은 12세기부터 19세기 초까지 이탈리아 남부와 시칠리아를 통치했던 왕국이다. 시칠리아는 지중해의 중심이고, 이탈리아반도와 북아프리카 사이에 위치해서 과거부터 전략적인 요충지였다.

시칠리아의 중심 도시는 섬의 북서부에 있는 팔레르모다. 팔레르모는 그리스어로 '좋은 항구'라는 뜻으로, B.C.E 9세기경 페니키아의 식민도시로 건설되었다. 11세기부터는 시칠리아 왕국의 수도가 되었다. 이슬람 제국의 천문학자와 아랍어서적을 번역하는 유대인이 모여들면서 이슬람 철학과 학문이 발전했다.

팔레르모가 13세기에 학문과 예술의 중심지로 부상할 수 있었던 이유는 문화적 관용 덕분이었다. 이 지역은 9세기경 북아프리카에서 이주한 무슬림의 지배를 받으면서 무역 중심지로 번성했다. 11세기에는 북유럽 바이킹의 일부인 노르만족이 팔레르모를 정복했다. 이들은 시칠리아 왕국을 건설하고 약 100년 정도 지배했다.

노르만족은 토착 민족과 문화, 종교에 매우 관대했다. 그래서 그리스나 로마, 이슬람의 문화 양식을 그대로 보존했고, 그 결과 매우 독특한 양식을 남겼다. 이후 이 지역을 지배한 신성로마제국 역시 이를 그대로 따르면서 팔레르모에서는 기독교 문화와 이슬람 문화가 자연스럽게 융합했다.

하인리히 6세의 유언에 따라 시칠리아 왕국의 섭정으로 임명된 프리드리히 2세의 어머니는 주변에 의지할 사람이 없었다. 당시 교황에게 독일 왕국의 황제가 이탈리아 북부 지역의 시칠리아 왕국까지 점령하는 것은 그야말로 악몽이었다. 그래서 프리드리히 2세의 어머니가 아들의 계승 문제로 불안해하는 것을 정치적으로 이용했다. 프리드리히 2세의 큰아버지인 슈바벤 공작 필리프를 독일 왕국의 왕으로 즉위시키고, 프리드리히 2세는 시칠리아 왕으로 즉위시킨 것이다. 그의 어머니는 대관식 이틀 뒤에 "교황을 섭정으로 삼는다"는 유언을 남기고 사망했다.

교황은 프리드리히 2세에게 수준 높은 교육을 했다. 기록에 따르면, 그는 엄청난 천재였던 것으로 보인다. 이탈리아어, 독일어, 프랑스어, 라틴어, 그리스어, 아랍어 등에 이르기까지 언어에 매우 능통했다. 이슬람 문화가 발달했던 팔레르모는 지식의 창고였다. 프리드리히 2세는 이곳에서 고전 문화뿐만 아니라 이슬람과 유럽 여러 지역의 지식과 문화를 습득했다. 이러한 성장 배경 덕분에 그는 다른 문화에 대해 상당히 개방적인 시각과 관점을 가질 수 있었다. 그래서 19세기 스위스 역사학자 야코프 부르크하르트는 프리드리히 2세를 '왕좌에 앉은 최초의 근대인'이라 칭송하기도 했다.

독일 국왕과 시칠리아 국왕, 그리고 이탈리아 국왕을 겸하면서 신성로마제국의 황제로 즉위한 프리드리히 2세는 아들을 독일 공동 국왕으로 임명했다. 그리고 자신은 시칠리아로 돌아갔다. 35년의 재위 동안 그가 독일에 머물렀던 기간은 불과 8년밖에 되지 않았다. 이는 프리드리히 2세에게 시칠리아 왕국과 팔레르모가 얼마나 중요했는지, 더 나아가 종교와 학문의 관용이 그에게 얼마나 중요한 정치적 이슈였는지를 짐

에밀 시뇰(Émile Signol), 〈예루살렘 점령〉, 1847년 작품. 시뇰은 프랑스 역사화가이자 초상화가로서 낭만주의 시대에 살았지만, 낭만주의를 싫어하고 신고전주의를 옹호했다. 이 그림은 제1차 십자군 전쟁 때 예루살렘을 점령한 것을 그린 것이다. 십자군 전쟁은 총 8회에 걸쳐 진행되었는데, 이 중 제1차 십자군 전쟁을 제외하고는 모두 실패했다. 1099년 7월 9일, 십자군은 예루살렘에 입성했다.

작할 수 있다.

프리드리히 2세가 피 한 방울 묻히지 않고 예루살렘을 얻을 수 있었던 것도 바로 종교적 관용 덕분이었다. 당시 예루살렘을 다스리고 있던 사람은 아이유브 왕조의 5대 술탄 알 카밀이다. 아이유브 왕조는 창시자 살라딘(Saladin)이 죽고 난 후 하나의 왕조로 통합되지 못하고 여러 사람에 의해 분할 통치되고 있었다. 알 카밀의 아버지가 사망한 후 내부적으로 혼란이 계속되었고, 일부 지역에서는 반란이 일어나기도 했다. 이러한 상황 속에서 프리드리히 2세가 십자군을 이끌고 침공하자 그는 반란과 십자군을 한꺼번에 막아낼 여력이 없었다.

알 카밀에게 프리드리히 2세는 다른 십자군 지도자와 달랐다. 아랍어를 구사할 줄 알았고, 이슬람 문화도 잘 알고 있었다. 더욱이 교황에게 파문당한 사람이었다. 프리드리히 2세가 편협하고 광신적인 기독교 신앙에 집착하는 사람이 아니라는 것은 분명했다. 이들은 고전철학과 기하학에 관련된 서신을 주고받았고, 알 카밀은 프리드리히 2세에게 천체 관측기를 선물로 보냈다. 전하는 말에 따르면, 프리드리히 2세는 이 선물을 아들 다음으로 소중하게 여겼다고 한다.

프리드리히 2세는 알 카밀에게 예루살렘 반환을 요청했다. 그는 이것이야말로 십자군 전쟁을 종식할 수 있는 유일한 방법이라고 알 카밀을 설득했다. 이에 알 카밀도 합의했고, 가장 의미 있는 장소인 성전산에 대해서만 이슬람 소유권을 주장했다.

프리드리히 2세는 성전산을 직접 방문했다. 당시 이곳에서 기도하던 무슬림이 그에 대한 예의로 기도를 중단하자 자신도 무슬림의 기도를 듣고 싶다면서 계속할 것을 요청했다. 하지만 프리드리히 2세를 기다리고 있던 것은 교황의 파문이었다. 무슬림과 전쟁이 아니라 협정을 체결했기 때문이었다.

팔레르모 대주교인 괄티에로 옵파밀리오(Gualtiero Offamilio)는 1185년에 팔레르모 대성당을 건립했다. 이후 이슬람 사원으로 변모되었다가 다시 성당으로 변경되었다. 이곳에는 프리드리히 2세의 석관이 있다. 프리드리히 2세는 사망 당시 '친구여, 위대한 자여, 정직한 자여, 지혜로운 자여, 승리자여!'라는 아랍어가 쓰인 옷을 입고 있었다. 이를 통해 프리드리히 2세는 유럽 전체가 기독교 아래 배타적이고 획일화된 종교관과 문화관을 강요하던 시대에 다른 문화와 종교를 이해하고 존중했으며, 이러한 관점을 바탕으로 타협과 협상을 추구했음을 알 수 있다. 부르크하르트의 말처럼 어쩌면 그는 진정한 근대인이었을지도 모른다.

스투파 문디,
프리드리히 2세의 생체실험

4

최초의 의약분업과 생체실험

'진료는 의사에게, 약은 약사에게'라는 문구는 2000년에 우리나라에서 유행했던 슬로건이다. 우리나라는 2000년 7월에 입법을 거쳐 주사제를 제외한 모든 전문의약품을 대상으로 의약분업을 시작했다. 의사는 진료 후에 의약품 처방전을 발행하고, 약사는 처방전에 따라 약을 조제 및 판매했다.

의약분업의 가장 주된 목적은 의약물로 인한 사고를 예방하고 소비자의 알 권리를 증진시켜 국민건강을 보호하며, 제약산업의 발전과 투명한 의약품을 유통하기 위한 것이었다.

그런데 의약분업은 아주 오래전부터 시작되었다. 유럽에서는 그리스와 로마부터 중세까지, 치유의 역할을 의사와 약초상으로 구분했다. 약초상은 약을 만들어 의사에게 공급했다.

이들의 업무를 독립적으로 최초 규정한 것은 1240년으로, 신성로마제국의 황제 프리드리히 2세였다. 그는 '살레르노 칙령(Edict of Salerno)'을 반포했다. 이는 의사가 약사를 겸하지 못하도록 금지하고, 치료법과 처방약의 가격을 정해 환자의 혼란을 방지하기 위한 목적이었다.

이탈리아 남부 캄파니아주에 있는 살레르노에는 중세 최초의 의학교가 설립되었다. 종교나 성별에 상관없이 의학을 배울 수 있어서 매우 파격적이었다. 의약분업 이후 이탈리아에서는 살레르노 의학교 면허증이 없으면 진료를 하지 못할 정도로 전성기를 맞았다. 이러한 점에서 프리드리히 2세는 의학 발전에 매우 중요한 역할을 담당했던, 누구보다도 계몽된 사람이었음이 분명하다.

동물에 많은 호기심을 가졌던 그는 인간을 대상으로 여러 가지 생체실험을 했는데, 이는 그의 명성에 치명적인 영향을 미쳤다. 프리드리히 2세의 생체실험을 기록으로 남긴 사람은 프란치스코 수도회 소속의 수도사인 살림베네(Salimbene)다. 살림베네는 신학자이자 연대기 작가로서 『12 재난(The Twelve

| 〈14세기 이탈리아 약국〉, 연대 및 작자 미상.

Calamities)』이라는 글을 썼고, 이는 프리드리히 2세의 12가지 재앙에 관한 것이었다. 수도사였던 그는 프리드리히 2세를 '교회에 무관심하고 이슬람 문화에 관심이 많은' 부정적인 모습으로 묘사했다. 살림베네는 프리드리히 2세가 끔찍하고 잔인한 생체실험을 수행했기 때문에 그의 부도덕함을 널리 알리고자 글을 썼다고 주장했다.

살림베네에 따르면, 프리드리히 2세의 생체실험 중 한 가지는 인간의 육체와 영혼에 관련된 것이었다. 프리드리히 2세는 죄수가 죽을 때까지 물과 음식을 주지 않고, 죽음이 가까워지면서 발생하는 모든 과정을 면밀하게 기록했다. 이를 확인하기 위해 배에 구멍을 뚫어, 죽는 순간에 인간의 영혼이 육체를 떠났는지를 확인하려 했다.

또한 운동과 수면이 소화에 미치는 영향을 살펴보기 위해 두 명의 죄수에게 저녁 식사를 하게 한 다음, 한 사람에게는 사냥을 하게 했고 다른 한 사람에게는 잠을 자도록 했다. 몇 시간 후 죄수를 죽이고는 위장의 내용물을 살펴보고, 사냥과 수면 중에 어떤 것이 더 효과가 있는지 살펴보도록 했다.

프리드리히 2세의 생체실험 중 가장 끔찍하다고 알려진 실험이 있다. 바로 어린아이를 대상으로 한 실험이다. 그는 인간 언어의 기원을 궁금해했다. 그래서 인간 언어가 원래 어떤 것인지 입증하기 위해 아기들에게 식사와 목욕 외에 어떤 상황에서도 말하지 못하게 했다. 결국 아기들은 애정이나 기본적인 상호작용의 부재로 모두 사망했다.

살림베네의 기록이 정확하다면, 프리드르히 2세는 그야말로 잔인하고 끔찍한 생체실험을 시행했던 폭군이다. 그러나 당시 유럽 사회에 만연했던 프리드리히 2세에 대한 편견과 오해를 생각해볼 필요가 있다. 십자군 원정이 성공했음에도 불구하고 이슬람 학문에 관심이 있다는 이유로 교황은 그를 여러 차례 파문했다. 그는 파문 때문에 교회의 적으로 간주되었다. 『신곡(La Divina Commedia)』을 쓴 단테는 프리드리히 2세를 이단 지옥에 넣기까지 했다.

1240년 프리드리히 2세는 의사의 실력을 향상시키고자 5년에 한 번씩 인체 해부를 해도 된다는 명령을 발표했다. 이를 계기로 유럽에서는 인체해부 금지의 암흑시대가 종식했다. 인체해부를 통해 장기를 정확하게 관찰하면서 근대 의학은 빠른 속도로 발전하기 시작했다. 이러한 점에서 프리드리히 2세의 생체실험과 의학에 대한 관심은 그저 부정적인 양상만 초래한 것은 아니었다.

오늘날 프리드리히 2세의 생체실험을 어떤 시각에서 이해해야 할까? 그는 당시 교회에서 주장했던 것처럼 악마적 본성을 가졌기 때문에 잔인한 생체실험을 시행했던 것일까? 그가 가진 다른 문화에 대한 관심과 이해, 관용이 당시 기독교 사회에서는 악마의 본성처럼 보였을지도 모른다. 당시 사람들은 그를 '스투파 문디(Stupor Mundi)'라고 불렀다. 이는 '세계의 경이'라는 의미다. 그는 누구보다도 종교적·문화적 관용을 베풀었고 의학의 중요성과 필요성을 인식했다. 그런 만큼 그는 어쩌면 시대를 잘못 타고난 스투파 문디가 아니었을까.

PART 3

나치가 자행한 생체실험의 끔찍한 전말

인류 역사의 비인간적이고 수치스러운 면

1

캐리 벅 사건 살펴보기

1927년 10월 19일, 한 여성이 강제불임 시술을 받았다. 놀랍게도 이 시술은 미국 연방대법원의 판결에 따라 시행된 것이었다. 재판 판결을 계기로 미국 전역에서 6만 명 이상의 여성들이 강제불임 시술을 받게 되었다.

1945년 11월부터 1년간 진행된 뉘른베르크 재판은 나치 전범들이 저지른 반인륜적인 행위에 대한 재판으로, 재판에서 나치 전범들은 자신들의 악행 근거로 이 강제불임 시술 판결을 들었다. 이후 이 판결은 미국 역사상 최악의 판결 가운데

우생학을 근거로 한 「단종법」에 따라 강제불임 시술의 피해자가 된 캐리 벅과 그녀의 어머니.

하나로 기록되었다.

캐리 벅(Carrie Buck)은 1906년에 버지니아주 샬러츠빌에서 태어났다. 어렸을 때 그녀의 부모는 이혼했고, 어린아이를 키워야 했던 어머니는 매춘부가 되었다. 캐리는 다른 가족에게 입양되어 정상적인 삶을 살았으나 친척에게 강간을 당해 원치 않는 임신을 하게 되었다. 양부모는 집안 체면 때문에 캐리를 정신박약자로 몰아 수용시설로 보냈고, 가정법원에서는 그녀를 정신박약자로 판단했다.

당시 버지니아에서 제정된 「단종법(Sterilization Law)」에 따라 캐리는 나팔관 절제 수술을 받아야만 했다. 단종법이란 유전성 장애를 가진 사람의 생식 능력을 없애는 법이다. 수용시설에서는 그녀의 강제불임 시술의 당위성을 위해 이 사건을 소송으로 확대했다.

그리고 당시 연방대법원 판사 올리버 홈즈(Olive Holmes)는 "3대에 걸쳐 저능아 출산의 가능성이 있다면 다수의 안전과 복지를 위해 불임시술을 해야 한다"고 판결했다. 6개월 후 캐리는 강제불임 시술을 받았다.

후일 그녀가 정신박약자가 아니라는 사실이 밝혀졌다. 연방대법원의 막강한 권력으로 그녀에게 누명을 씌웠고, 씻을 수 없는 상처를 남겼다. 2002년에 버지니아주는 그녀에게 사과를 표명했다. 그러나 캐리 벅 사건은 인류 역사의 비인간적이고 수치스러운 면을 그대로 보여준다.

인종주의와 결탁한 미국의 우생학

캐리 벅 사건은 본질적으로 우생학과 관련이 많다. 우생학이란 인류를 유전학적으로 개량해야 한다는 믿음이다. 얼핏 보면 과학처럼 보인다. 그런데 면밀히 살펴보면 맹목적인 이념이자 유사과학이다. 이는 1883년에 영국의 유전학자 프랜시스 골턴(Francis Galton)이 주장한 것이다. 그는 진화론을 주장했던 찰스 다윈(Charles Darwin)의 외사촌이다. 우수한 유전자를 가진 인구를 증가시키고 열등한 유전자를 가진 인구를 막는 것이 우생학의 가장 중요한 목표다. 이를 위해 정신적 혹은 육체적 결함을 초래하는 조건을 연구하는 것이 우생학의 중심 연구다.

그렇다면 20세기 초 미국에서는 우생학을 지지했을까? 이 시기 미국에서는 미국 사회에 적합하지 않은 사람들이 이주하는 것을 원하지 않았다. 이들에게 미국 사회에 적합하지 않은 사람들이란 종교나 언어, 인종 등이 다른 사람들이었다.

우생학의 영향으로 많은 사람들이 이들을 열등하다고 생각했다. 대표적으로 아프리카계 미국인이나 아시아, 동유럽, 남유럽 등에서 이주한 사람들이었다. 토착주의자들은 이들이 지닌 열등한 유전자를 강제불임 시술을 통해 제거하고 이민법을 통해 제한함으로써 순수한 백인들을 지킬 수 있다고 믿었다. 캐리 벅 사건에서 볼 수 있듯이 이러한 시도는 성공적이었다.

이는 경제적 동기와도 밀접한 관련이 있다. 우생학에 근거한 강제불임 시술로 캐리 벅처럼 정신박약자로 판정된 사람이 더는 태어나지 않는다면, 이들을 위한 보호시설 역시 필요없게 된다. 다시 말해 장애인이나 범죄자, 거지를 위한 시설에 세금을 납부하지 않아도 된다는 의미다. 우생학은 신체적으로

존 가스트(John Gast), **〈미국의 진보〉, 1872년 작품.** 19세기 미국 화가 가스트는 백인의 입장에서 '명백한 운명(Manifest Destiny)'의 당위성을 보여주는 그림을 그렸다. 이 그림은 서부로 이동하는 백인들이 컬럼비아 여신의 보호 아래 나타난 것임을 강조하는 것으로써 이 시기 미국의 팽창주의 정책을 잘 보여준다. 어두운 서쪽으로 빛을 가져가는 것이 자신들의 '명백한 운명'임을 강조했다.

건강해 보이는 백인에게 명백한 경제적 동기를 제공했다.

이를 위해 우생학자들은 우생학의 긍정적인 측면을 강조했다. 다윈이 진화론에서 주장했던 것처럼 적자생존이라는 자연 법칙이 인간 사회에서도 적용됨을 강조하면서, 유전적으로 쓸모없는 형질을 재생산하는 것은 국가에 아무런 도움이 되지 않는다고 비판했다. 이들은 우생학을 통해 인류의 삶을 질적으로 향상시킬 수 있다고 믿었고, 이러한 믿음은 '미국 우생학협회(American Eugenics Society)'의 탄생으로 이어졌다.

미국 우생학협회의 가장 중요한 목적은 미국 대중에게 우생학 교육 프로그램을 홍보하는 일이었다. 협회에서는 우생학을 '다양한 인종과 계층 간 출생을 통제함으로써 유전적 구성을 개선하는 학문'이라고 설명했다. 협회는 우생학의 긍정적인 측면을 강조함으로써 캐리 벅 사건을 비롯해 미국 연방대법원의 판례와 정책에도 영향을 미쳤다.

미국 우생학협회의 대표적인 행사 중 하나는 박람회 전시였다. 이들은 외모나 지능, 건강 등을 어떻게 조합해야 유전적으로 가장 우월한 아이를 낳을 수 있는지 예측하는 대회를 열거나 우월한 아이들이 태어나는 비율과 열등한 아이들이 태어나는 비율을 출산율 통계를 활용해 보여주기도 했다.

당시 기록에 따르면, 우월한 아이는 7분 30초마다 태어났지만 건강하지 못한 아이는 48초마다 태어났고, 범죄자가 될 가능성이 있는 아이는 50초마다 태어났다. 또한 100달러의 세금을 납부해서 지원해야 할 정신 질환이 있는 아이가 15초마다 태어난다는 통계를 보여줌으로써 우생학의 필요성을 대중에게 강조했다.

미국 사회의 우생학은 인종주의와 결합했다는 점에서 다른 국가의 우생학과 구분될 수 있다. 일부 학자는 우생학을 토대로 인종주의적 편견과 차별에 사로잡혀 있었다. 한 학자는 이탈리아인이 범죄형 인간이라고 주장했고, 또 다른 학자는 어머니가 동유럽이나 남유럽 출신인 경우에 유행성 전염병이 걸릴 확률이 높다고 주장했다. 미국 사회에서 치명적인 유행성 전염병이 발생했을 때 희생양이 된 것은 이들이었고, 이러한 주장에 과학적인 근거를 제공한 것이 바로 우생학이었다.

토착주의자는 이렇게 왜곡되고 편견에 가득 찬 우생학을 바탕으로 미국 사회에서 열등한 인종을 추방해야 한다고 주장했다. 이들이 WASP(White·Anglo-Saxon·Protestant, 미국 주류 지배계급)의 삶을 위협한다고 믿었기 때문이다. 여기에는 백인이 오랫동안 열등하다고 믿었던 아프리카계 미국인도 포함되어 있었다.

백인보다 먼저 아메리카에 살고 있었던 아메리카 원주민도

예외는 아니었다. 19세기 초부터 서쪽으로 팽창하면서 백인들은 인종주의를 바탕으로 아메리카 원주민의 영토를 빼앗고, 이들을 강제로 추방하고 학살했다. 그리고 이는 20세기에 우생학이라는 유사과학의 형태로 포장되어 나타났다.

인류 최악의 범죄, 제노사이드

2

포에니 전쟁과 집단학살

20세기 초, 유대인 국제변호사 라파엘 렘킨(Raphael Lemkin)은 특정 민족이나 인종을 대상으로 저지르는 대량학살을 '제노사이드(Genocide)'라는 개념으로 정의했다. '인종'을 뜻하는 그리스어 'Genos'와 '살해'를 뜻하는 라틴어 동사 'Caedo'가 결합된 단어로 집단학살을 의미한다. 1944년에 처음 사용되었다가 1948년부터 일반적인 학살이 아닌 범죄를 의미하는 단어로 사용되기 시작했다.

제노사이드는 인류 역사 속에서 오랫동안 존재했다. 대표적인 제노사이드로는 포에니 전쟁을 들 수 있다. 포에니 전쟁은 B.C.E 264년부터 B.C.E 146년까지 총 3차례에 걸쳐 로마와 카르타고 사이에 발발한 전쟁이다.

두 국가는 B.C.E 508년에 '서로의 주권에 간섭하지 않고, 서로의 적과 동맹을 체결하지 않는다'라는 내용의 협약을 체결하면서 수백 년간 우호 관계를 유지했다. 그러나 시칠리아섬 시라쿠사 참주의 사망 후 라틴 용병대인 마메르티니 용병대가 그리스 식민지 메사나를 점령하고, 주변 도시를 대상으로 약탈을 일삼으면서 두 국가의 관계는 변질되기 시작했다.

그리스 국가는 마메르티니 용병대에 적대감을 가졌고, 시라쿠사 참주는 전쟁을 일으켰다. 용병대는 카르타고에 구원을 요청했고, 그 도움으로 시라쿠사와 용병대가 화해할 수 있었다. 이후 카르타고는 메사나 내정에 간섭하기 시작했고, 용병대는 로마에 구원을 요청했다. 로마와 카르타고의 전쟁은 이렇게 시작되었다. 첫 번째 전쟁에서 로마는 가까스로 카르타고에 승리했다. 그리고 카르타고가 시칠리아에서 완전히 철수하며 20년간 2,200달란트의 배상금을 지불하도록 했다.

제1차 포에니 전쟁에서 패배한 카르타고의 장군 하밀카르 바르카(Hamilcar Barca)는 히스파니아로 이동해 원주민을 통치하고 강력한 육군을 양성했다. 이 지역은 이내 카르타고의 식민지가 되었다. 그의 아들 한니발 바르카(Hannibal Barca)는 에브로강 이남을 카르타고가 가지기로 한 조약을 위배했다고 판단해 로마 동맹국인 사군툼을 공격했다. 당시 사군툼 주민은 모두 살육당하거나 노예로 전락했다. 한니발은 상당한 전리품을 얻었고 카르타고의 부채를 모두 상환했다. 그리고 남은 자원으로 로마와의 전쟁을 준비했다.

사군툼 공격 이후 한니발은 히스파니아를 떠나 피레네산맥으로 출발했다. 그리고 알프스를 넘어 로마와 전쟁을 시작했다. 이것이 제2차 포에니 전쟁이다. 전쟁을 시작하기 전부터 한니발은 알프스를 넘느라 보병의 절반 이상을 잃었고, 전투 코끼리는 37마리 가운데 소수만 살아남았다. 로마로부터 독립을 원하는 갈리아족이 참여하면서 카르타고군은 병력을 회복했고, 칸나이 전투를 비롯해 이탈리아반도 내 주요 전투에서 승리했다.

한니발은 사라쿠사와 타렌툼, 그리고 카푸아까지 점령했다. 그러나 카르타고의 지원은 부족했고 다른 장군들은 로마와의 전쟁에서 계속 패배했다.

그의 동생 하스드루발 바르카(Hasdrubal Barca)는 히스파니아에서 알프스를 넘어 이탈리아반도로 이동했지만, 로마에 패했다. 자마 전투에서 한니발이 패배하면서 제2차 포에니 전쟁

프란시스코 도밍고 마르케스(Francisco Domingo Marqués), **〈기원전 219년 사군툼의 마지막 날〉, 1869년 작품.** 마르케스는 전통주의와 인상파의 영향을 많이 받은 스페인 화가다. 한니발은 사군툼의 모든 성인 남성을 죽이라고 명령했고, 그림에 그 잔혹함이 그대로 드러나 있다.

도 로마의 승리로 끝났다. 카르타고는 지중해에서의 패권을 완전히 상실했다.

한니발에게 당한 충격이 매우 컸던 로마는 카르타고를 철저하게 탄압했다. 불리한 조건에서 강화조약을 체결했기 때문에 해군을 해체했고 육군을 축소했다. 해외 식민지는 모두 로마에 넘겨졌다. 특히 로마의 허락 없이는 어떤 전쟁도 할 수 없었다. 그야말로 로마의 속국으로 전락했다. 그러나 카르타고는 여전히 부유했다. 당시 카르타고의 인구가 25만 명 정도였고 웅장한 건물도 수없이 많았다. 풍요로운 곡창지대를 가지고 있었고, 지중해 교역의 유리한 거점이었다.

카르타고가 다시 부유해지자 누미디아는 세력을 넓히기 위해 카르타고를 침략하기 시작했다. 카르타고는 로마에 군사 행동을 요청했지만, 누미디아의 동맹국이었던 로마는 이를 허락하지 않았다. 결국 카르타고 내에서 반로마 감정이 확산되었고, 2만 5천 명의 병력으로 누미디아와 전쟁을 일으켰지만 패배했다. 이에 로마는 조약을 어긴 일로 카르타고에 선전 포고했다. 카르타고는 다시 로마와 전쟁을 벌이기로 하면서 제3차 포에니 전쟁이 시작되었다.

사실 전쟁은 시작하기 전부터 정해져 있었다. 카르타고인은 자신의 손으로 도시를 파괴해 굴욕감과 비참함을 느끼는 것보다 로마인과 싸우다가 죽는 것을 선택했을 뿐이다. 전쟁이 시작되자 로마군은 카르타고시를 포위했고 공성전이 시작되었다. 카르타고는 로마에 무려 3년이나 저항했다. 전쟁이 끝나고 살아남은 카르타고인은 5만 명도 되지 않았다.

로마는 도시를 철저하게 파괴하고 소금을 뿌려 불모지로 만들었다. 카르타고의 멸망이 목적이었던 로마군은 칼과 창을 들고 무자비한 학살을 자행했다. 이렇게 학살된 사람만 해도 수천 명 이상이었다. 그나마 살아남은 소수의 사람은 노예로 끌려갔다.

카르타고는 거의 100년 이상 방치되었다. 이후 율리우스 카이사르 시대에 재건을 시작해 아우구스투스 황제 때에는 로마 제국의 직할령으로 편입되었다. 이후 이 지역은 오랫동안 북아프리카의 주요 항구도시로 번영했다.

현대사회의 첫 제노사이드, 아르메니아 집단학살

오스만 제국은 19세기 말까지 넓은 영토를 효율적으로 통치하기 위해 강력한 중앙집권체제 대신 지방자치 형태를 취했다. 여러 지역은 종교를 기반으로 밀레트(Millet)를 형성하고, 각자의 종교법과 관습법에 따라 제국에 대한 의무를 부담했다. 그 결과 오스만 제국 내에는 다양한 종교와 민족, 문화, 언어가 공존했다. 밀레트는 서로 다른 종교를 믿는 사람에게 각자의 권리를 보장하면서 비교적 원활하게 작동했다.

아르메니아인은 터키와 카스피해 사이에 있는 아르메니아 고원에서 오랫동안 거주했다. 이들은 정치적으로 오스만 제국에 속했지만 독자적인 밀레트를 형성하고 자치권을 인정받았다. 아르메니아는 전 세계에서 최초로 기독교를 공식 종교로 인정했는데, 시간이 흐르면서 오스만 제국 내 무슬림이 이들

아실 고르키(Arshile Gorky), **〈화가와 어머니〉, 1926-1936년 작품.** 고르키는 아르메니아계 미국 화가다. 그는 아르메니아 집단학살을 피해 피난을 갔고 그의 어머니는 굶어 죽었다. 1년 후 그는 미국으로 건너가 화가가 되었다. 그의 비극적인 경험은 후일 작품의 중요한 소재가 되었다.

을 부정적으로 보기 시작했다.

아르메이아인에 대한 무슬림의 적대심이 심화한 것은 그리스 독립 이후였다. 프랑스 혁명 이후, 유럽 전역에 자유주의와 민족주의가 확산하면서 그리스는 오스만 제국의 지배를 거부하고 독립전쟁을 일으켰다. 이 과정에서 기독교를 믿는 유럽 국가들이 개입하면서 그리스가 독립할 수 있었다. 이후 프랑스나 러시아 등 유럽 국가들이 기독교인의 권리를 보호한다는 이유로 오스만 제국의 내정을 간섭하기 시작했다.

그리스의 독립 이후 세르비아, 불가리아, 루마니아 등 발칸 반도에 있는 여러 나라에서도 독립전쟁이 일어났다. 오스만 제국에서는 그리스인 대신 아르메니아인을 요직에 임명하기 시작했다. 당시 아르메니아인이 민족주의나 자유주의에 수동적이었고, 오스만 제국 덕분에 부를 축적할 수 있다고 생각했기 때문이다. 그러나 시간이 흐르면서 아르메니아인 사이에서도 권리 향상을 위한 움직임이 나타났다.

러시아와의 전쟁을 비롯해 여러 전쟁에서 패배한 오스만 제국은 정체된 사회질서를 유지하기 위해 가혹한 탄압을 시작했다. 그 대상은 주변의 기독교인이었다. 당시 오스만 제국의 황제였던 압둘하미드 2세(Abdülhamid II)는 '하다미예'라는 친위부대를 동부 국경지대에 투입했다. 원래 목적은 러시아를 감시하고 이에 대응하는 것이었지만, 실제 목적은 이 지역에 거주하는 아르메니아인을 학살하는 것이었다.

하다미예는 오늘날 이스탄불에 해당하는 콘스탄티니예를 중심으로 여러 지역에 세금 징세율을 2배 이상 올렸다. 연속된 패배로 불안감이 지속하면서 반란이 발생했고, 반란을 진압하기 위해 무자비한 학살이 자행되었다.

아르메니아 밀레트는 잔혹행위를 막아달라고 술탄에게 청원하는 시위를 벌였지만, 이 시위 역시 무력으로 진압되었다. 이는 아르메니아인이 오스만 제국의 법적 보호를 받지 못한다는 사실을 명백하게 보여주는 일이었다.

콘스탄티니예에서 발생한 학살은 이후 여러 지역으로 확산되었다. 군인만 학살에 참여한 것이 아니라 민간에서도 학살에 참여했다. 기록에 따르면 총살을 비롯해 가죽을 벗긴 시신도 많았다고 한다. 그런데 서유럽의 어떤 국가도 아르메니아인을 돕지 않았다. 이 학살로 10만 명에서 30만 명 이상이 학살된 것으로 추정한다. 그래서 역사학자들은 아르메니아 학살을 '현대사회 최초의 제노사이드'라고 부른다.

2차 학살은 1909년에 발생했다. 오스만 제국으로부터 독립을 요구한 아르메니아인이 폭동을 일으키면서 무력 충돌이 발생했다. 당시 오스만 제국 측의 기록에 따르면, 782명의 무슬림이 사망했고 이에 대한 보복으로 아르메니아인이 학살되었다. 오스만 제국은 5천 명이 사망했다고 발표했지만, 아르메니아인은 2만 명에서 3만 명 정도가 살해되었다고 주장한다. 주도 세력이 밝혀지지 않았고, 수사 역시 대충 끝나서 정확하게 밝혀진 것이 거의 없다.

제1차 세계대전이 발발하면서 오스만 제국은 아르메니아인에게 러시아를 공격할 것을 부탁했고, 러시아는 오스만 제국 내에서 반란을 일으킬 것을 요청했다. 아르메니아인은 어느 쪽에도 참여하지 않았다. 그리고 이를 위협으로 판단한 오스만 제국은 300만 명 이상의 아르메니아인을 시리아 지역으로 강제 이주시켰다. 이에 반감을 가진 아르메니아인은 러시아군으로 참전하거나 게릴라 활동을 했다.

당시 민족주의 성향이 매우 강했던 청년 튀르크당은 아르메니아인을 '튀르크인이 지배하고 영유해야 할 아나톨리아를 두고 경쟁해야 하는 대상'으로 간주했다. 이들에게 아르메니아인이란 절멸해야 할 열등한 인종이었다. 이 때문에 이슬람교로 개종해도 박해를 멈추지 않았다.

1915년 박해로 인한 사망자 수는 통계에 따라 다르다. 튀르키예 정부에 따르면 20만 명 정도이고, 아르메니아 측에 따르면 무려 200만 명에 달한다. 미국이나 유럽의 역사학자는 약 60만 명에서 80만 명 정도가 집단학살된 것으로 추정한다. 그야말로 인종적 논리에 따라 자행된 현대사회의 끔찍한 제노사이드였다.

나치의 반유대주의와 '레벤스라움'

아르메니아 집단학살이 20세기 '최초'의 제노사이드였다면, 20세기의 '가장 끔찍한' 제노사이드는 '홀로코스트(Holocaust)'일 것이다. 홀로코스트는 '전체'를 뜻하는 그리스어 'Holos'와 '타다'라는 동사인 'Kaustos'가 결합된 단어로, 일반적으로는 인간이나 동물을 태워 죽이는 행위를 의미한다.

『성경』에서는 '번제'로 표기되는데, 제물을 불에 태워 그 향기로 하나님을 기쁘게 해드리는 제사를 뜻한다. 번제단 위의 짐승은 가죽을 제외한 모든 것이 거룩한 불에 완전히 태워졌다. 이는 하나님과의 바른 관계 회복과 기도하는 사람의 인격을 하나님께 바치기 위한 중요한 제사법이었다. 안식일이나 매달 초하루, 속죄제 등에 지냈으며 번제물로는 수송아지나 숫양, 숫염소 등을 사용했다.

홀로코스트를 고유명사로 사용할 때는 제2차 세계대전 동안 나치 독일에 의한 유대인 집단학살을 의미한다. 베를린 근교 반제에서 1942년 1월 20일에 국가 수뇌부들이 모여 회의가 진행되었다.

이 회의에서는 유대인에 대한 '최종해결책(Endlösung)'으로 절멸을 결정했다. 독일에서는 '최종해결책'이라는 용어가 홀로코스트와 동일시되어 사용을 금지하고 있는데, 이는 반제회의에서 유래한 것이다.

그렇다면 왜 나치는 반제회의에서 유대인 절멸을 결정했을까? 1918년 11월 11일, 독일은 제1차 세계대전에서 항복을 선언했다. 독일의 항복으로 전쟁은 끝났고 패전국들은 식민지를 모두 상실했다. 독일 역시 식민지를 상실하고 1,320억 마르크라는 엄청난 전쟁 배상금을 물어야 했다. 당시 독일의 한 해 세입이 60억~70억 마르크 정도로 추정되는데, 이런 상황 속에서 미국에서 시작된 대공황은 엄청난 재앙이었다. 초인플레이션으로 독일 경제는 파멸 직전이었다. 혼란 속에서 독일인들 사이에 급속하게 확산된 것이 바로 반(反)유대주의였다.

사실 반유대주의는 오래전부터 유럽의 여러 지역에서 존재했다. 『구약성서』의 「에스더」 편에서도 반유대주의가 등장한다. 헬레니즘 시대에 다양한 종교와 문화에 대한 관용으로 유대인은 여러 지역으로 이동했다. 그런데 선민사상을 비롯해 독자적인 관습과 신앙을 고집했기 때문에 주변에서 환영받지 못했다.

로마 제국이 기독교를 국가 종교로 인정하고, 유대인과 기독교인의 혼인을 법으로 금지함에 따라 유대인의 법적·사회적·정치적 지위가 하락하기 시작했다. 특히 교회가 지배했던 중세 유럽에서 유대인은 더욱 탄압받고 배타적인 존재가 되었다.

사회적 위기나 혼란이 발생하면 유대인을 비난하고 이들을 희생양으로 삼는 것도 매우 흔한 일이었다. 흑사병이 유럽을 휩쓸었던 1349년에 스트라스부르에서 발생했던 유대인 학살은 치명적인 전염병으로 인한 두려움과 공포가 빚어낸 결과였다. 이러한 현상은 현대사회에서도 예외는 아니었다.

대공황은 유럽, 특히 독일에서 반유대주의를 강화하는 데 더없이 좋은 기회였다. 이 시기에 독일 내에서 지지를 얻은 아돌프 히틀러(Adolf Hitler)는 독일 국민의 감정을 잘 이용했고, 이를 부추기기 시작했다. 당시 사람들은 나쁜 일과 끔찍한 일은 모두 유대인 때문에 발생하는 것이라고 믿었다.

반유대주의가 독일에 만연했던 심리나 정서를 활용해 홀로코스트를 가능하게 했던 것이라면, 이론적으로 홀로코스트를 지지했던 것이 바로 '레벤스라움(Lebensraum)'이었다. 독일어로 '살 공간'이라는 의미로 19세기 말부터 1940년대까지 독일 팽창정책 가운데 하나였다. 이는 독일의 지리학자이자 히틀러의 심복인 카를 하우스호퍼(Karl Haushofer)가 주장한 것으로, 간단히 말하면 독일의 영토를 확대해서 독일 민족이 살 공간을 마련해 살아남을 수 있게 하는 것이다.

이미 고대 시대부터 독일인들은 삶의 공간이 충분하지 않다고 생각했다. 4세기경 독일, 체코, 폴란드, 오스트리아를 지나는 엘베강 유역에 거주하던 게르만족은 로마 제국을 침략했고, 12세기에 신성로마제국은 슬라브족을 정복했다. 십자군 전쟁 때 조직된 기사수도회인 튜튼 기사단 역시 폴란드 동북부와 프로이센 지역으로 진출해서 그 지역에 살고 있는 원주민을 정복했다. 이렇게 동유럽을 점령한 게르만족은 사람들을 이주시켰고, 이들에게 여러 가지 특권을 부여했다. 이후 이주가 계속되다가 17세기에 전 지구적인 추위 때문에 흉작과 기근, 전염병이 만연하면서 독일 인구가 감소해 중단되었다.

원래 레벤스라움은 독일의 인구 과잉을 해결하기 위한 하나의 방법으로 제시된 것이었다. 여기에 20세기 초 선전주의자는 인종적 개념을 반영했다. 독일인의 인종적 우월성을 보호하기 위해서는 레벤스라움을 획득해야 한다는 것이다. 이는 제1차 세계대전이 발발했을 때 독일이 폴란드 서부 지역을 합병하고, 리투아니아와 우크라이나를 식민화하려는 계획에서도 살펴볼 수 있다. 독일인은 전쟁을 통해 레벤스라움을 최종적으로 실현할 수 있다고 기대했다. 하지만 제1차 세계대전에서 독일이 패배하면서 해외 식민지를 모두 상실하자 독일인은 이를 받아들이지 못했다.

| **나치 독일의 레벤스라움.** 독일 영토를 넘어 동유럽까지 팽창시키려 했다.

나치와 히틀러에게 레벤스라움은 유대인이 슬라브족을 지배하고 있는 동유럽을 의미했다. 그래서 동유럽과 소련을 식민지로 삼고 독일인이 영원히 발전할 수 있는 공간을 확보한 다음, 제국을 발전시키고자 했다. 물론 경제학적 관점에서 본다면 이는 현실적으로 불가능한 주장이다. 광활한 동유럽 전체를 식민지로 만들기 위해서는 막대한 비용과 인력이 필요한데, 당시 독일은 그럴 형편이 되지 못했기 때문이다. 하지만

대공황으로 인한 경제적 위기가 심화되자 독일에서 레벤스라움 팽창정책은 널리 확산했다.

나치는 1930년대 초에 집권하면서부터 유대인들에게 경제적·사회적 압력을 가했다. 당시 서유럽의 유대인은 그 사회에 동화된 경우가 많았지만, 동유럽이나 소련의 유대인은 그 정체성을 유지하는 경우가 많았다. 특히 나치는 유대인이 소련에만 500만 명 이상 거주하는 것으로 추정했다. 레벤스라움을 구현하기 위해서는 이 지역의 유대인 문제를 해결해야 했다. 결국 반제회의에서는 유대인 집단학살을 해결책으로 선택했고, 이를 위해 폴란드에 강제 수용소를 설치했다. 이것이 바로 아우슈비츠(Auschwitz) 강제 수용소다.

「뉘른베르크법」과 '수정의 밤'

나치는 서유럽에 동화된 유대인을 구별하기 위해 「뉘른베르크법」을 제정했다. 1935년 9월 15일에 제정된 이 법은 유대인의 정치적 권리를 모두 박탈했다. 독일 내에서는 아리안족의 혈통을 가진 사람만이 정치적 권리를 가질 수 있도록 규정했기 때문이다. 이날 독일인의 순수한 혈통을 지키기 위해 유대인은 비(非)유대인과 결혼할 수 없는 조항도 만들었다. 여기에서 유대인은 '3대에 걸쳐 유대인의 혈통이 섞인 사람'으로 규정한다. 이러한 점에서 「뉘른베르크법」은 독일 사회에 만연해 있던 반유대주의를 실현하는 것을 목표로 삼았다고 할 수 있다.

1939년 4월에는 일정 재산을 가진 유대인들에게 반드시 신고하도록 했고, 전문직 자격증을 박탈했다. 그리고 11월 9일 밤에 유대인 회당과 가게를 방화하고 파괴하며 100여 명의 유대인을 살해했다. 일명 '수정의 밤(Kristallnacht)' 사건이 발생한 것이다. 이 사건을 계기로 3만 명 이상의 유대인이 체포되었고 어린이가 학교에서 추방당했다. 유대인의 이민이 금지되었고, 모든 유대인은 나치의 감시를 받아야만 했다. 반유대주의를 바탕으로 집단학살이 시작되었다.

서유럽에 거주하던 유대인은 1942년 7월부터 아우슈비츠 강제 수용소로 이주했다. 아우슈비츠 수용소는 처음부터 유대인 집단학살을 목적으로 설립된 곳은 아니었다. 1939년에 폴란드를 침공한 후 폴란드 지식인을 제거하고 정치범을 수용하기 위해 세운 곳이었다.

하지만 독일은 1941년 6월에 '바르바로사 작전'을 시행했다. 이는 제2차 세계대전의 동부전선에서 독일이 소련을 침공한 작전명으로, 신성로마제국 프리드리히 1세의 별명에서 유래한 것이다. 작전의 목표는 소련이 차지한 유럽 영토를 정복하는 것이었다. 그러나 결과적으로는 실패했다. 이를 계기로 나치는 수많은 소련군 포로를 포획해 아우슈비츠 강제 수용소로 이송했고, 공간을 확보하기 위해 집단학살을 시작했다.

더 많은 사람을 빠른 시간 내에 학살하기 위해 사용한 것은 가스였다. 처음에는 지하실처럼 밀폐된 공간에 유대인을 가둬놓았다. 그러고는 틈을 막고 일산화탄소를 발생시켜서 산소 부족으로 질식시켰다. 그다음으로 활용한 것이 치클론 B라는 살충제였다. 당시 독일군은 마구간 방역용으로 대량의 치클론 B를 납품받았는데, 일산화탄소보다 더 저렴한 가격에 집단학살이 가능하다는 사실을 알게 되었다. 이렇게 나치의 홀로코스트로 희생된 유대인의 수가 무려 600만 명 정도로 추정된다.

나치에 의해 희생된 사람들이 비단 유대인뿐만은 아니었다. 흔히 '집시'라고 불리는 유랑민족 역시 나치의 희생양이었다. 이들은 동유럽에 주로 거주하는 인도아리아계의 유랑민족을 의미하는데, 저임금을 받으면서 떠돌아다니는 생활을 하다 보니 유럽 내에서 오랫동안 차별을 받아왔다.

특히 도둑질, 사기, 유괴 등의 범죄가 발생하면 십중팔구 이들의 범행이라고 오해하곤 했는데, 히틀러와 나치는 유대인과 함께 이들을 절멸시키고자 했다. 홀로코스트가 시행되었을 때 집시가 약 50만~100만 명 정도 집단학살된 것으로 추정되지만, 이에 대한 조사나 연구는 거의 이루어지지 않은 상태다.

이렇다 보니 홀로코스트 연구과 관련해 경제력이 많은 영향을 미친다는 비판이 제기되기도 한다. 유대인이 미국에서 막강한 경제적 영향력을 미치면서 강대국으로서의 지위를 행사하기 때문에 홀로코스트가 마치 '나치가 유대인에게 가한 집단학살'로만 인식된다는 것이다. 이들은 인류 역사 속에서 홀로코스트와 같은 제노사이드는 반복적으로 발생했지만, 유독 홀로코스트만 논란이 되는 것은 유대인의 경제력 때문이라고 주장한다.

이와 관련해 집시 역시 홀로코스트의 피해자이지만 이들에 대해서는 어떠한 연구도, 사과도 이루어지지 않고 있다는 점을 문제 제기하고 있다. 제2차 세계대전이 끝나고 홀로코스트가 유럽에서 서서히 잊힌 것처럼 슬픈 현실이 아닐 수 없다.

'죽음의 천사'와 나치의 생체실험

3

강제 수용소와 나치 친위대

꽃이 만발한 언덕에서 두 연인이 서로 의지한 채 키스를 하고 있다. 황금빛으로 장식된 가운은 화려하게 빛나며, 보는 사람에게 강렬함을 더해준다. '영원한 사랑'이라는 이미지를 주는 이 작품은 오스트리아 화가 구스타프 클림트의 〈키스〉다.

그는 여성의 세계를 가장 잘 표현한 화가로 유명하나, 사실 클림트의 작품 가운데 1/4은 풍경화다. 그는 매년 여름이면 세상에서 가장 평온한 마을로 알려진 오스트리아 서쪽 잘츠캄머구트의 아터 호수로 향했다. 그리고 주변의 풍경을 그림으로 남겼다. 이렇게 남긴 그림 가운데 하나가 〈너도밤나무숲〉이다.

오스트리아의 너도밤나무가 클림트를 통해 구현되었다면, 독일의 너도밤나무는 강제 수용소로 나타났다. 제2차 세계대전 동안 나치는 강제 노동 및 집단학살을 위해 독일과 점령지에 강제 수용소를 설치하고 운영했다. 여기에는 유대인과 소련군 포로, 집시, 장애인 등이 수감되었다. 최초의 강제 수용소는 1933년에 독일 남부 바이에른주에 설립된 다하우 강제 수용소이고, 가장 잘 알려진 곳은 폴란드에 설립된 아우슈비츠 강제 수용소다.

일부 역사학자는 강제 수용소를 크게 2가지 종류로 구분한다. 한 가지는 강제 노동을 위한 수용소이고, 다른 한 가지는 집단학살을 목적으로 하는 수용소다. 이러한 강제 수용소는 흔히 '절멸 수용소'라는 명칭으로 불렸고, 아우슈비츠 강제 수용소나 헤움노 강제 수용소를 비롯해 폴란드에 설립된 6개의 강제 수용소가 그랬다. 1942년에 반제회의에서 유대인에 대한 최종 해결책을 절멸로 결정한 이후, 이러한 강제 수용소는 유대인 절멸을 목적으로 운영되었다.

이렇게 끔찍한 절멸 수용소는 아니었지만, 독일 내에서 악명 높은 강제 수용소가 또 있었다. 1937년에 나치는 바이마르주 교외에 강제 수용소를 설립하고 정치범과 유대인, 집시 등을 수용했다. 기록에 따르면 약 25만 명 정도가 이 수용소를 거쳐 갔고, 이 중에서 5만 5천 명 이상이 사망했다고 한다.

강제 수용소의 책임자 카를 코흐(Karl Koch)는 매우 잔인했다. 그는 나치 친위대(Schutstaffel)의 중급 사령관으로 죄수를 굶기거나 혹독한 노동을 시켰다. 일부 사람에 따르면, 그는 희생자의 가죽을 벗기는 취미가 있었고, 사망한 유대인의 돈이나 귀중품을 갈취하기도 했다.

흔히 'SS'라고 불리는 나치 친위대는 나치의 준군사조직이다. 1925년에 히틀러의 개인 경호대로 창설되었고, 독일과 유럽을 정복하려는 그의 계획을 실행하는 데 중요한 역할을 담당했다. 하인리히 힘러(Heinrich Himmler)는 책임자로, 광적인 인종주의자였다.

가장 우월한 순수 아리아인만 나치 친위대 대원으로 뽑힐 수 있었고, 히틀러에게 광적인 복종과 충성을 맹세해야만 했다. 초기에는 300명 정도였지만, 1930년대 말에는 90만 명 이상으로 급증했다.

크게 일반 SS와 무장 SS로 구분된다. 일반 SS는 경찰과 치안 유지, 유대인 학살을 담당했고, 무장 SS는 전쟁에 참여했다. 제2차 세계대전이 끝난 후 전범 재판에서 모든 친위대 조직은

구스타프 클림트(Gustav Klimt), **〈너도밤나무숲〉, 1902년 작품.** 오스트리아의 대표 화가 클림트는 풍경화를 상당히 많이 그렸다. 〈너도밤나무숲〉은 그의 대표적인 풍경화다. 하늘로 길게 뻗은 너도밤나무와 소복이 쌓인 낙엽을 바라보고 있으면, 마치 숲 가운데 서 있는 듯한 느낌이 든다. 그림을 통해 완연한 가을을 느낄 수 있다.

범죄 조직으로 선고되었다.

SS의 여러 조직에서 근무했던 코흐는 1937년에 강제 수용소의 책임자가 되었다. 그가 책임자로 있는 동안 수많은 유대인이 학살되었고, 연합군이 장악한 후에는 소련군이 강제 수용소를 점령했다.

1945~1950년 사이에 강제 수용소에서 7천 명 이상의 독일 죄수가 사망했다. 이 강제 수용소는 부헨발트 강제 수용소다. 역설적이게도 독일어로 부헨발트는 '너도밤나무'를 뜻한다.

아우슈비츠 강제 수용소를 비롯해 다른 강제 수용소의 정문에는 '노동이 자유롭게 한다(Arbeit macht Frei)'라는 문구가 새겨져 있었다. 반면 부헨발트 강제 수용소 정문에는 '모든 것은 각자의 책임(Jedem das Sein)'이라는 문구가 새겨져 있었다. 이는 유대인의 고통이 모두 그들의 죄값이라는 어처구니 없는 의미다.

나치의 강제 수용소 가운데 가장 악명이 높았던 곳이 바로 아우슈비츠 강제 수용소다. 나치가 유대인 집단학살을 실행하기 위해 세웠던 강제 수용소 6군데 중에서 가장 중심이 되는 곳이다. 이곳은 원래 폴란드와 소련군 전쟁 포로를 수용하기 위해 설립되었다. 아우슈비츠 제1수용소에는 폴란드의 정치범을 수감했고, 제2수용소는 집단학살을 실행했으며, 제3수용소는 특수 노동과 강제노역이 이루어졌다. 특히 아우슈비츠 강제 수용소에서는 끔찍한 생체실험이 실행되었다. 생체실험을 주도했던 의사 요제프 멩겔레(Josef Mengele)는 '죽음의 천사'라고 불렸다.

죽음의 천사, 요제프 멩겔레의 생체실험

멩겔레는 SS 장교이자 아우슈비츠 강제 수용소의 내과 의사였다. 그는 아우슈비츠 수용소로 이송된 수감자 중에서 강제 노역자와 생체 실험자를 결정하는 역할을 했다. 1935년에 우생학을 바탕으로 한 유대인의 인종적 차이에 대한 논문을 작성했고, 우생학적으로 우월한 아리아인의 출생률을 높이는 방법을 연구했다.

이러한 과정에서 그가 관심을 가진 것이 바로 쌍둥이 연구였다. 그는 나치가 레벤스라움을 확보하면 그곳으로 이주할 독일인을 증가시키고, 완벽한 인종이 지배하는 독일 제국을 완성하기 위해 쌍둥이를 출산하는 방법에 관심이 많았다. 그야말로 우생학에 맹목적으로 헌신했던 사람이다.

생존자의 증언에 따르면, 멩겔레는 늘 단정하게 머리를 손

요제프 멩겔레.

질했고, 제복 역시 깔끔하게 다림질해서 입고 다녔다고 한다. 말끔하게 면도한 그는 항상 미소를 머금고 있었다. 생체실험의 대상으로 삼았던 쌍둥이에게 상냥하게 웃으면서 사탕이나 과자를 주기도 했다. 그래서 쌍둥이들은 그를 '친절한 멩겔레 아저씨'라고 부르면서 좋아했다. 하지만 그는 이런 아이를 대상으로 생체실험을 했다. 친절해 보이는 외모 뒤로 차마 인간으로서는 할 수 없는 끔찍한 악행을 저질렀다. 그가 '죽음의 천사'라고 불리는 이유다.

멩겔레는 독일 인구를 증가시키기 위해 쌍둥이에 상당히 집착했다. 아우슈비츠 강제 수용소로 사람들이 이동하면 수감자 중에 어린아이를 골라냈다. 당시 사람들은 이렇게 선별된 아이를 '멩겔레의 아이들'이라고 부르면서 상당히 부러워했다. 하지만 '멩겔레의 아이들'에게는 다른 사람보다 더욱 끔찍한 운명이 기다리고 있었다. 멩겔레는 아이들에게 맛있는 음식을 주고 휴식을 취하게 한 다음, 이들을 생체실험의 도구로 이용했다.

가장 대표적인 생체실험이 눈동자 색 실험이다. 우생학을 열렬히 신봉했던 그는 금발과 푸른색 눈동자를 가진 아리아인이야말로 세상에서 가장 우월한 인종이라고 믿었다. 이 때문에 어린아이의 눈동자 색을 변형시키는 생체실험을 했다.

눈동자 색은 홍채의 색으로, 머리카락처럼 유전자에 의해 결정된다. 그는 유대인을 아리아인으로 바꾸기 위해 눈에 화학물질을 주입하거나 눈동자에 푸른색 물감을 주사하기도 했다. 물론 눈동자 색은 변하지 않았고, 실험 대상이었던 어린아이는 실명했다. 마취를 하지 않고 발치를 하거나 외과 실험을 하기도 했는데, 이 과정에서 사망한 아이의 눈은 멩겔레의 수집품이 되었다.

멩겔레의 쌍둥이 실험 역시 악명 높다. 그는 쌍둥이의 여러 기관이나 장기 크기를 재고 기록한 다음, 한 아이에게 세균이나 약, 화학물질을 주입했다. 그리고 변화가 발생하면 이를 다른 아이와 비교했다. 그런 다음 아이를 죽여 해부했다. 쌍둥이가 정말 똑같은지 확인하기 위해 잠든 쌍둥이 심장에 클로로포름을 주사하고 해부한 경우도 있었다. 아이들은 멩겔레의 친절한 모습에 속은 채 죽었다.

멩겔레는 샴쌍둥이를 직접 만들기도 했다. 샴쌍둥이는 두 사람이 하나의 몸을 공유하는 형태로 태어난 사람이다. 발생

확률은 약 20만 분의 1이며 그중 절반은 사산된다. 살아서 태어난다고 해도 대부분은 배 속에서 사산된다. 수명도 다른 사람들에 비해 짧다. 멩겔레는 일반 쌍둥이 몸의 일부를 잘라 인위적으로 샴쌍둥이를 만들고, 이들이 얼마나 생존하는지 관찰하기도 했다. 하지만 연결한 정맥 부위에 염증이 발생하면서 그들은 곧 사망했다.

기록에 따르면, 멩겔레의 생체실험으로 사망한 사람들의 수가 약 40만 명에 달한다. 1,600명 이상의 쌍둥이 가운데 살아남은 쌍둥이가 200명이 채 되지 않는다. 이렇게 끔찍한 악행을 저지른 그는 제2차 세계대전이 끝나자 독일에 숨어 지내다가 아르헨티나를 거쳐 브라질로 이주했다. 그리고 1979년에 심장마비로 사망했는데, 그가 사망한 후에야 멩겔레였다는 사실이 밝혀졌다.

한 가지 흥미로운 사실은 브라질과 아르헨티나의 국경 지대인 칸디도 고도이에 위치한 독일인 마을에서 유난히 쌍둥이가 많이 태어난다는 것이다. 일반적으로 쌍둥이 출산 확률이 80명 가운데 1명 정도인데, 이 마을에서는 5명 가운데 1명이 쌍둥이를 출산했다. 그래서 많은 사람들은 '멩겔레가 이 마을에서 쌍둥이 실험을 한 것은 아닌지' 추측하고 있다.

멩겔레의 끔찍한 생체실험은 우생학을 바탕으로 하고 있

다. 많은 사람들은 유전학적으로 우월한 인종을 증가시키고 열등한 인종을 감소시킴으로써 인류를 개량할 수 있다고 믿었다. 그는 이러한 믿음을 바탕으로 유사과학을 의학으로 발전시킬 수 있다고 생각했다. 하지만 멩겔레의 생체실험은 의학 발전을 위한 것이 아니라 유대인 멸종을 위한 것이었고, 인간의 존엄성을 파괴하는 일이었다. 그는 20세기 히포크라테스 선서를 어긴 수많은 의사 가운데 가장 잔인한 의사였다.

뉘른베르크 재판부터 헬싱키 선언까지

4

얄타 회담과 포츠담 회담, 그리고 종전

제2차 세계대전이 벌어지는 동안 흑해 연안의 크림반도에 있는 얄타에서 연합국인 미국, 영국, 소련이 전후 세계질서를 논의하기 위해 회담을 가졌다. 당시 얄타 회담에는 프랭클린 루스벨트(Franklin Roosevelt), 윈스턴 처칠(Winston Churchill), 이오시프 스탈린(Iosif Stalin)이 참석했으며, 처칠은 루스벨트와 의견이 같았기 때문에 실제로는 미국과 소련의 회담이었다.

이 회담에서 논의된 것은 전후 독일의 분할과 비무장화, 나치 독일의 전범 청산, UN의 구상, 소련의 대일본 전쟁 참전,

폴란드 정부 구성과 영토 문제 등이었다. 당시 루스벨트는 세계 평화를 위해 미국과 소련의 협력이 필수라 생각했고, 소련의 웬만한 요구 사항을 대부분 수용했다.

정치학자는 얄타 회담을 냉전의 본격적인 시작이라고 본다. 미국, 영국, 소련이 서로의 이해관계를 둘러싸고 대립을 시작했기 때문이다. 얄타 회담에서는 우리나라의 문제도 언급되었다. 이 회담에서 일본이 패망한 후 삼팔선을 경계로 한반도를 분할 점령하는 계기를 마련했고, 소련은 일본과의 전쟁 대가로 사할린 남쪽을 요구했다. 새로운 형태의 전쟁을 피하고자 했던 루스벨트는 우리나라의 독립 과정에서 신탁통치라는 방법을 제시했고, 스탈린은 일본의 위험을 방지하려는 차원에서 우리나라 문제에 관심을 가졌다.

이미 유럽의 전쟁은 나치 독일의 항복으로 종결되었다. 그러나 패전이 분명한 상황임에도 일본이 여전히 전쟁을 지속하고 있어, 일본에 무조건 항복을 권유하는 포츠담 선언을 발표했다. 일본의 무장해제를 권고하고, 무조건적 항복을 수용하지 않는 경우 즉각적이고 완전한 파멸밖에 없다고 선언했다. 이는 연합국의 굳건한 의지를 표방한 것이다.

그러나 일본의 거부로 인류 역사상 최초로 핵무기 투입이 결정되었다. 진주만 공습으로 미국 본토가 공격당한 사실에 매우 분노한 미국에서는 일본에 대한 보복 감정이 확산되었고, 결정적인 방식으로 전쟁을 끝내려 했다. 일본의 도시 중 히로시마, 고쿠라, 요코하마, 니가타, 교토가 폭격 목표지로 선정되었다. 1945년 8월 6일 히로시마에 '리틀보이(Little Boy)'가 투하되었고, 8월 9일 나가사키에 '팻맨(Fat Man)'이 투하되었다.

첫 번째 폭격으로 히로시마 시내 중심부 전체가 열로 가득했고 사방이 불지옥으로 변했다. 대기가 건조해졌고 몇 시간 후 원자폭탄으로 모든 것이 타버렸다. 남은 재는 방사성 분진으로 올라갔다가 비에 섞여 내려왔다. 심한 갈증에 많은 사람들이 이 빗물을 받아 마셨고, 그 결과 방사능에 노출되었다.

원자폭탄 투하 이후 2개월에서 4개월 사이에 9만~16만 명 이상이 사망했다. 나가사키에서는 약 8만 명 정도가 사망한 것으로 추정된다. 다수의 사망자는 민간인이었다. 결국 일본은 항복할 수밖에 없었다.

뉘른베르크 전범 재판 알아보기

일본의 항복 이후에 무엇보다도 시급했던 일이 나치 독일의 전범 처리였다. 연합국은 전범에 대한 국제군사재판을 실시하기로 합의했고, 뉘른베르크에 국제군사재판소를 설치했다. 독일 바이에른주에 있는 뉘른베르크는 신성로마제국의 '비공식적인 수도'로 불렸다. 제국의회와 재판소가 있었기 때문이다. 뉘른베르크 의회는 제국 통치에 중요한 역할을 담당했고, 상업과 무역이 발달하면서 이탈리아와 북부 유럽을 연결하는 중요한 무역 도시로 성장했다.

15세기에는 종교개혁의 중심지로서 개신교를 수용했다. 그리고 이후 1555년 아우크스부르크 평화협정을 통해 신성로마제국 내 군주들은 가톨릭과 루터 교회 중 하나를 선택할 수 있었다.

16세기 이후 쇠락했다가 19세기에 산업화가 시작되면서 다시 성장했고, 나치가 독일의 중앙이라는 지리적 위치와 신성로마제국이라는 정치적 상징성을 부여함으로써 '나치의 도시'가 되었다. 그래서 제2차 세계대전이 끝난 후 2년간 독일인을 대상으로 하는 전범 재판이 열린 곳이 바로 뉘른베르크였다.

그런데 이 재판소는 1939년 9월 1일 이전에 개인의 범죄행위에 대해서는 관할권이 없었다. 때문에 제2차 세계대전 동안 전쟁에 책임이 있는 정치 및 군사 지도자 24명에 대해서만 재판이 시행되었다. 당시 이들을 기소한 죄목은 전쟁 공모와 참가, 계획, 실행 및 홀로코스트라는 비인도적 범죄였다.

| **뉘른베르크 전범 재판에서 재판 중인 헤르만 괴링.**

1928년 8월 27일, 프랑스 파리에서는 미국과 영국, 프랑스 등 15개 국가가 조약을 체결했다. 이는 전쟁 포기에 관련된 조약으로, 미국 국무장관 프랭크 켈로그(Frank Kellogg)와 프랑스 외무장관 아리스티드 브리앙(Aristide Briand)의 이름을 따서 일명 '켈로그-브리앙 조약'이라고 부른다. 조약의 핵심 내용은 전쟁을 포기하고 국제 분쟁을 평화적 수단으로 해결하는 데 합의하는 것이었다.

이 조약은 전쟁의 불법화를 규제하고 명문화시켰다는 데

역사적 의의가 있다. 다만 제재 방법을 규정하지 못했다는 한계가 있다.

뉘른베르크 전범 재판에서 논란이 된 것은 나치 전범들에게 적용된 죄목이었다. 이 재판의 목적은 평화를 저해하는 행동을 공모하고, 전쟁을 일으키고, 인류에 반하는 행위에 대한 나치의 책임을 묻기 위한 것이었다. 문제는 이런 죄목이 어떻게 성립될 수 있는지 입증하는 것이었다. 당시 관련 법규가 없었기 때문이다.

결국 켈로그-브리앙 조약을 바탕으로 평화를 저해하고 전쟁을 일으킨 죄를 입증했고, 국가 원수라 할지라도 책임을 피할 수 없었다. 그리고 상사의 명령에 따라 죄를 지었다는 핑계가 통하지 않도록 규정했다. 국제형사법은 국제법에 따라 범죄에 책임이 있는 개인을 다루는 국제 법규를 의미하는데, 이러한 점에서 뉘른베르크 전범 재판은 국제형사재판의 시작이라 볼 수 있다.

뉘른베르크 전범 재판으로 총 12명이 교수형 선고를 받았다. 원래 총살형을 선고받았지만, 독일과의 전쟁으로 2천 만 명 이상이라는 엄청난 희생자가 발생했던 소련이 반대하는 바람에 교수형을 받게 되었다.

헤르만 괴링(Hermann Göring)은 음독 자살했고, 나머지 10명은 단순 질식사가 아닌 고의적인 질식사로 고통 속에서 사망했다. A급 전범 이후에 B급 전범에 대한 재판이 계속 열렸는데, 이들 가운데 자신의 행위를 부정하는 사람들도 있었다.

빅토르 카페시우스(Vitor Capesius)는 제약사 영업사원이었는데, 임산부와 어린아이를 대상으로 생체실험을 했다. 그의 결정으로 루마니아에서 8천 명 이상의 유대인이 사망했다. 그럼에도 그는 재판 내내 기억이 나지 않는다고 대답했고 심지어 웃기까지 했다. 그는 자신이 아우슈비츠 강제 수용소에서 어떠한 해도 끼치지 않았다고 주장했다.

뉘른베르크 전범 재판으로 나치가 유대인에게 행한 충격적인 사실이 밝혀졌다. 바로 인체실험과 우생학이라는 유사과학 아래 끔찍한 집단학살이 시행되었다는 사실이다. 그 결과 '뉘른베르크 강령(Nuremberg Code)'이 제정되었다.

이는 제2차 세계대전과 관련해 범죄 혐의가 있는 독일 의사들을 대상으로 한 재판 판결로 만들어진 것으로, 가장 기본적인 원칙은 피실험자의 자발적인 동의와 충분한 정보 제공이다. 다시 말해 실험의 목적이나 방법, 이로 인해 발생할 수 있는 위험 등에 대해 충분히 알려준 다음 자발적 동의를 얻어 생체실험을 시행하도록 한 것이다.

헬싱키 선언이란 무엇인가?

1964년 6월, 핀란드 헬싱키에서 제18회 세계의사협회 총회(World Medical Assembly)가 열렸다. 이 총회에서 뉘른베르크 강령의 한계를 보완하고 재해석한 '헬싱키 선언(Declaration of Helsinki)'이 발표되었다. 인체를 대상으로 한 생체실험을 비롯해 의학연구에서의 윤리원칙을 규정한 것으로, 적용 범위는 모든 연구자와 의사다. 목적은 인간을 대상으로 하는 생체실험과 의학연구의 남용을 규제하고, 피실험자의 권리를 보호하는 것이다. 기본 원칙으로는 제8조의 개인 존중, 제20조의 자기 결정권, 제21조와 제22조의 연구 참여에 관한 정보를 토대로 결정을 내릴 수 있는 권리 등을 들 수 있다. 또한 제9조에서 강조하는 것처럼 과학과 사회의 윤리적 고려는 법규보다 우선한다.

뉘른베르크 전범 재판 이후 과학계와 의학계 전반에서 우생학을 바탕으로 한 생체실험의 끔찍한 진실이 밝혀졌다. 이후 이러한 끔찍한 일이 되풀이되지 않도록 뉘른베르크 강령, 헬싱키 선언 등이 제정되었다. 과학자 및 의사의 연구윤리 기준으로 작용하고 있다. 1942년 반제회의에서 결정된 유대인의 절멸이라는 최종 결정과 생체실험, 홀로코스트가 인류에게 준 또 하나의 역사적 교훈이라 할 수 있다.

PART 4

생체실험과 의학 발전을 결부시킨 731부대의 만행

731부대와 이시이 시로의 잔인한 악행

1

'니덤 보고서'와 미국의 세균전

2015년에 전 세계를 충격에 빠트린 보고서가 공개되었다. 조지프 니덤(Joseph Needham)은 생화학자이자 과학사가인 영국 역사학자로, 중국에 관심이 많았다. 1952년에 중국은 '6.25 전쟁에서 미국이 중국과 북한에 세균전을 일으켰다'고 주장했는데, 중국을 방문한 니덤이 그 근거를 발견했다. '한국과 중국에서의 세균전에 관한 국제과학위원회의 사실 조사 보고서', 이른바 '니덤 보고서'라고 불리는 이 보고서는 총 670페이지에 달하는 방대한 양이다. 이는 니덤을 단장으로 하는 국제

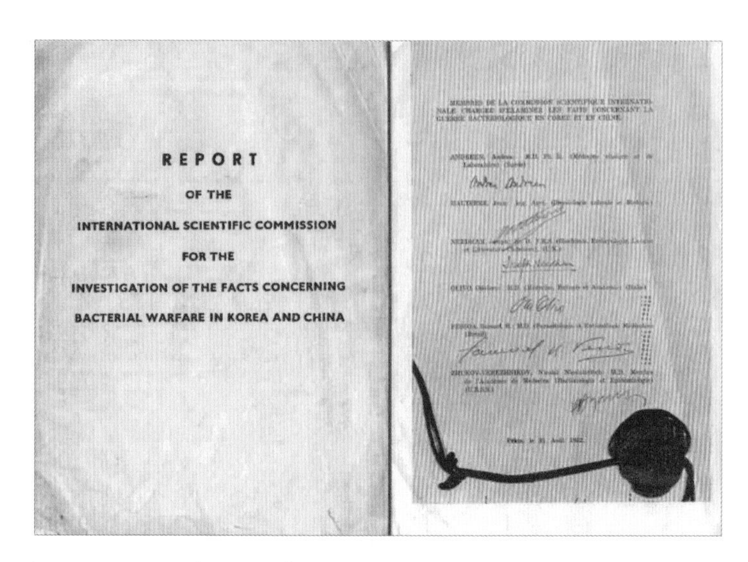

REPORT
OF THE
INTERNATIONAL SCIENTIFIC COMMISSION
FOR THE
INVESTIGATION OF THE FACTS CONCERNING
BACTERIAL WARFARE IN KOREA AND CHINA

| 2015년에 공개된 '니덤 보고서'.

과학자협회 공식조사단이 작성했다.

보고서에는 중국과 북한 일대에 뿌려진 벼룩 사진을 비롯해 세균을 살포하다가 잡힌 미군 포로의 진술서, 세균 배포경로 비행지도 등 미국의 세균전을 입증할 만한 증거들이 수록되어 있다. 당시 세균을 살포하다가 잡힌 미군 포로는 이런 식으로 민간인에게 끔찍한 무기를 사용하는 일은 비인간적이라고 자백하기도 했다.

그런데 '니덤 보고서'에는 더욱 놀라운 사실이 담겨 있었다. 미국의 세균전이 일본의 기술을 전수받았다는 점이다. 제2차 세계대전 동안 일본은 세균전 연구소를 운영하고 세균전 부대를 설립해 악명 높은 생체실험을 했다. 이들로부터 세균전 기술과 방법을 전수받았다면 국제적인 논란 대상이 된다.

그러나 미국이 공식적으로 세균전을 부인하고 있고, '니덤 보고서'가 전쟁 당사자인 중국에서 발행되었기 때문에 6.25 전쟁에서 과연 세균전을 활용했는지 여부는 여전히 논쟁에 휩싸여 있다.

731부대와 이시이 시로의 만행

그렇다면 미국에게 전수했다고 여겨지는 일본의 세균전과 생체실험은 어떤 것이었을까? 이를 알아보려면 731부대와 이시이 시로(石井四郎)에 대해 살펴봐야 한다. 731부대의 정식 명칭은 '관동군검역급수부본부(関東軍検疫給水部本部)'로 1936년에 만주에서 설립되었다. 일본은 이미 1931년에 만주를 병참 기지로 만들고 식민화시키기 위해 선전포고 없이 불법으로 침략해서 점령했다.

부대의 명칭에서 알 수 있듯이 원래 목적은 예방의학과 식수 보급 및 충원을 연구하는 것이었다. 그러다가 점차 정치 및 이념 부서의 역할을 담당했다. 어떻게 보면 나치의 SS와 비슷한 역할을 담당했다고 할 수 있다. 이들은 일본인의 인종적 우월성을 강조하고 정치적 선전이나 일본군 사상 무장을 담당했다.

이후 731부대는 세균전과 살아 있는 사람을 대상으로 한 생체실험을 시행했다. 페스트나 콜레라 등 전염병 연구를 시행했고, 이를 살아 있는 사람들에게 적용했으며 병균과 세균을 대량 생산하기도 했다. 생체실험으로 인해 약 3천 명 이상의 사람들이 희생되었고 대부분 한국인, 중국인, 몽골인이었다.

제2차 세계대전 당시 731부대의 생체실험 대상자를 흔히 '마루타'라고 부른다. 이 시기에 731부대는 중국의 생체실험장을 나무 다듬는 제재소로 은폐하면서 이곳에 강제로 끌려온 피해자들을 제재소 공장 재료인 통나무로 비유해 이런 이름을 붙였다.

1940년부터 매년 600명 이상의 마루타가 731부대의 생체실험에 동원된 것으로 추정된다. 소련의 일본전범재판에서 당시 731부대 관계자들은 "마루타 중 살아 나간 사람은 아무도 없다"고 증언하기도 했다. 더 끔찍한 일은 1945년 8월 9일부터 나흘간 일본의 패전 사실을 미리 안 일본 육군성이 이 시설을 파괴하라고 명령함으로써 만행의 흔적이 모두 사라졌다는 것이다. 그리고 당시 살아 있던 150명 이상의 마루타 역시 모두 처형되었다는 것이다. 731부대는 자신들이 저지른 범죄를 감추기 위해 비인간적인 행위를 마다하지 않았다.

731부대는 매우 은밀한 방식으로 생체실험을 시행했다. 부대 내 모든 사람은 가명을 사용해 자신의 존재를 감추었고 규칙을 정해 철저하게 지켰다. 이 가운데 몇 가지 규칙을 살펴보면 다음과 같다. 탈주를 시도하거나 물의를 일으킨 마루타는 24시간 이내에 생체실험을 종료하고, 이로 인해 마루타가 폭동을 일으키면 전원 학살한다. 마루타를 포함해 731부대 전원이 사망하면 생체실험 자료를 위해 부검한다. 어떤 경우라도 마루타는 석방될 수 없으며 생체실험이 종료되면 무조건 소각 처리한다.

살아 나간 사람이 아무도 없었다는 부대원의 증언은 사실이었던 셈이다. 그리고 어쩔 수 없이 731부대를 해체할 경우, 모든 수용자를 정리하는데 이때 정리란 죽음을 의미한다. 더욱이 마루타를 단순한 생체실험 도구로 인식시키기 위해 처음 발령받은 신병에게는 이들을 때려 죽이도록 강요하기도 했다.

이렇게 끔찍한 범죄를 저지른 731부대를 설립한 사람이 바로 이시이 시로였다. 어렸을 때부터 수재였던 그는 교토제국대학 의학부를 수석으로 졸업하고, 세균학과 예방의학을 연구

| 731부대 사령관 이시이 시로.

했다. 1920년대 일본에서는 기면성 뇌염이 유행했는데, 당시 이 질병의 원인이 바이러스라는 사실을 밝히는 데 중요한 역할을 담당했다. 2년간 해외에 머무르면서 세균 화학무기에 대한 구체적인 계획을 수립했고, 일본으로 돌아와 세균전 부대 창설을 제안했다.

1932년 8월 만주로 이동해 세균병기 방위연구소 설립에 착수했으며, 1936년에 관동군방역급수부를 편성해 세균 연구와 인체실험을 조직적으로 시행했다.

시로가 설립한 731부대의 목적은 자신들이 점령한 지역에서 질병을 유발하는 병원체를 사용하는 것, 그리고 일본인을 백신으로 지키는 것이었다. 이를 위해 여러 단계의 네트워크를 수립했다. 여기에는 수술 연습이나 병원체 발견, 감염력 증강을 위한 실험, 치료법 개발 실험, 백신이나 약품 개발 실험 등이 포함되어 있었다. 얼핏 보면 의학 발전을 위한 것처럼 보인다. 그러나 실상은 수많은 사람들을 잔인하게 생체실험해서 얻은 결과였다.

그러다가 일본의 제2차 세계대전 패전으로, 시로는 731부대의 생체실험 증거를 인멸했다. 자신이 전범으로 기소될 것을 두려워해 거짓으로 장례를 치르기도 했다. 1947년에 미국은 소련을 통해 시로와 731부대의 생체실험에 대한 사실을 알게 되었다. 그러나 미국과의 교섭으로 관련 자료가 재판까지 이어지지 못했다. 731부대의 잔인한 악행이 그대로 덮이고 만 것이다.

시로는 1955년에 지도교수 기요노 겐지(淸野謙次)의 장례식에 참석해 세계 최대 규모의 생체실험 센터를 만들었다. 그리고 "일본의 패전으로 모든 것을 파괴할 수밖에 없었던 비극이었다"고 회고했다. 끔찍한 생체실험을 주도했음에도 반성은 커녕 패전으로 생체실험이 중단되어 아쉽다는 마음만 언급함으로써, 자신의 죄를 전혀 뉘우치지 않았음을 보여준다.

731부대가 자행한 생체실험의 잔혹함

2

고의적인 감염과 방치

살아 나간 사람이 아무도 없었다는 731부대의 생체실험은 얼마나 잔혹했을까? 많은 역사학자는 731부대의 생체실험을 나치의 생체실험과 비교하곤 한다. 731부대의 생체실험은 나치의 홀로코스트처럼 600만 명이라는 엄청난 사망자가 발생하지는 않았지만, 잔인함이나 끔찍함에 있어서 나치의 생체실험에 뒤지지 않았다.

731부대 사령관 이시이 시로에게 세균전 기술을 전수받았다는 '니덤 보고서'의 주장처럼, 731부대는 생화학 실험을 주로 시행했다. 가장 대표적인 생체실험이 매독이나 임질과 같은 성병이었다.

매독은 트레포네마 팔리둠균(Treponema pallidum)에 의해 발생하는 전염병으로 주로 성관계에 의해 전파된다. 1기에서는 피부 궤양이 발생하고, 제대로 치료하지 않으면 2기로 진행된다. 2기에서는 피부 발진, 3기에서는 내부 장기 손상이 나타난다. 중추 신경계를 침범하는 경우, 뇌막 자극 증상이나 뇌혈관 증상 등이 발생하는 위험한 질병이다.

이들은 성병을 치료하지 않으면 어떻게 되는지 연구하기 위해 마루타를 일부러 성병에 감염시키고, 아무런 조치도 취하지 않은 채 이들을 관찰했다. 성병을 옮기기 위해 마루타를 강간하는 일도 빈번하게 발생했다.

세균전을 위해 폭탄을 사용하기도 했다. 731부대는 전염성 벼룩을 넣은 도자기 폭탄을 개발했는데, 이는 시로가 직접 개발한 것이었다. 폭탄의 폭발력을 고의로 약하게 만들어 폭탄 속 세균이 죽는 것을 최소화했다.

전염성 벼룩은 14세기에 유럽 인구의 1/3을 앗아갔던 흑사병을 재현하기 위한 것이다. 연구소에서 배양한 전염성 벼룩을 페스트균에 감염시켜 중국 저장성 동부의 닝보(寧波)시 및 화베이 지구 남부의 허난성(河南省) 일대에 살포했다. 이 실험으로 30만 명 이상의 중국인이 사망한 것으로 추정된다.

전염병을 유발하는 세균을 예방접종이라는 명목으로 위장시켜 접종하기도 했다. 전염병이 확산하는 속도를 측정하기 위해 세균을 만두 속에 넣어 마루타에게 지급하기도 했다. 당시 마루타에게 지급되는 음식이 만두였기 때문에 이를 의심하는 사람은 아무도 없었다. 이렇게 전염병에 걸린 마루타는 생체 해부의 대상이었다.

731부대는 질병이 인체에 미치는 영향을 알아본다는 목적 아래, 뇌와 폐, 간, 위 등 장기를 제거하거나 동물의 내장과 교체했다. 팔이나 다리 등 신체 일부를 절단하기도 했다. 그러고는 절단된 신체를 다시 봉합하는 생체실험을 시행했다. 대부분 마취 없이 행해져서 끔찍하고 고통스러운 생체실험이었다.

실험을 가장한 끔찍한 인권 유린

731부대의 동상 실험 역시 악명 높다. 동상은 심한 추위에 노출되어 피부 조직이 얼면서 국소적으로 혈액 공급이 없어진 상태를 의미한다. 당시 동상 실험의 마루타는 중국인이었다. 731부대는 동계 위생 연구반을 조직해 수술이나 지혈, 수

혈 등을 가르치는 야외실습을 진행하고, 8명의 중국인을 대상으로 생체실험을 시행했다. 그리고 생체실험이 끝난 후 이들을 모두 해부하거나 총살했다.

생체실험이라는 명목하에 731부대가 저지른 악행은 이루 말할 수 없다. 얼핏 보면 의학과 과학 발전을 위한 실험처럼 보이지만, 이는 철저한 인권 유린이었다. 이들은 사람이 질식할 때까지 시간이 얼마나 걸리는지 알아보기 위해 목을 매달기도 했고, 사망 시간을 알아보기 위해 음식이나 물을 전혀 주지 않기도 했다. 색전(Embolus)이 생기는 시간을 결정하기 위해 동맥에 공기를 주입하기도 했다. 색전은 혈관이나 림프관에 생긴 유리물이 관의 일부나 전체를 막은 상태를 의미한다. 색전으로 발생하는 장애를 색전증이라고 하는데, 가장 대표적인 것이 뇌혈관을 막아 생기는 색전성 뇌경색이다.

동물의 혈액을 인간에게 주입하거나 바닷물이 생리식염수를 대체할 수 있는지 알아보기 위해 마루타에게 주사하기도 했다. 더욱 끔찍한 것은 인간을 원심분리기에 넣고 사망할 때까지 돌리기도 했다. 이를 통해 인체를 구성하는 물질의 70% 이상이 물이라는 사실을 알아냈다.

생체실험의 대상자는 성별과 나이를 구분하지 않았다. 남녀노소 가리지 않고 모든 사람이 731부대의 잔인한 생체실험의 희생자가 되었다. 임산부 역시 예외는 아니었다. 저온에서 세포가 죽는 과정을 관찰하기 위해 몸의 일부만 얼리는 생체실험에 임산부를 동원하기도 했고, 어떤 임산부에게는 강간을 한 다음 태아를 강제로 꺼내기도 했다.

731부대의 끔찍한 생체실험으로 인한 피해자는 중국인이 가장 많다. 731부대가 만주에 있었기 때문이다. 이 밖에도 한국인과 러시아인, 기타 전쟁 포로 등이 생체실험의 피해자였다. 한국인은 독립운동가들이 생체실험의 대상이었던 것으로 알려져 있다. 이와 더불어 731부대 인근 지역의 주민들 역시 세균전의 희생양으로 전락했다.

안타까운 점은 아직까지 피해자 수가 정확하게 확인되지 않는다는 것이다. 현재까지 공개된 명단은 약 3천 명인데, 세균전으로 인한 피해자까지 포함한다면 그 수는 엄청나게 증가할 것으로 보인다.

지금까지 일본 정부는 731부대의 끔찍한 만행을 부정했다. 나치의 홀로코스트를 인정한 독일과는 사뭇 다른 태도다. 그런데 2011년에 731부대의 세균전 피해자가 2만 5천 명 이상이라는 극비문서가 일본에서 발견되었다. 문서에는 1940년부터 1942년까지 중국 지린성과 저장성 등에서 페스트균에 감염된 벼룩을 살포했을 때의 기록과 당시 1, 2차 감염자 수가 구체적으로 기록되어 있다. 그야말로 잔인한 생체실험을 부정할 수 없는 명백한 731부대 기록인 셈이다.

더욱 놀라운 사실은 731부대의 생체실험에 관련된 사람들에게 박사학위를 수여했다는 점이다. 당시 731부대에서는 여러 논문을 작성했는데, 이 논문을 학위논문으로 제출한 경우가 다수 있었다. 여기에는 페스트균의 염색법이나 이질균 분류 방법, 장기 손상 후유장해에 대한 논문 등이 포함되어 있다. 다시 말해 731부대의 생체실험을 인권 유린이 아닌 의학 발전의 결과로 인식하고 있다는 것이다. 이는 그들이 '생체실험은 전쟁범죄'라는 사실을 망각한 태도임을 분명하게 보여주는 것이다.

극동국제군사재판과 과거사 미청산

3

미국 사회의 매카시즘 광풍

1953년 6월 19일, 미국 뉴욕주에 위치한 싱싱 교도소에서는 미국 전역뿐만 아니라 전 세계를 떠들썩하게 만든 사형 집행이 이루어졌다. 사형에 처한 사람은 부부였는데, 이들의 죄목은 놀랍게도 미국의 원자폭탄 기밀을 소련에 넘긴 일이었다. 부부는 혐의 내용을 끝까지 부인했고, 사실대로 자백하면 사면하겠다는 연방정부의 제안을 거부한 채 사형되었다. 그들이 바로 로젠버그 부부다.

남편 줄리어스 로젠버그(Julius Rosenberg)는 공산당 지지자였고, 부인 에델 로젠버그(Ethel Rosenberg)는 남편의 정치 활동을 지지했다. 그녀의 남동생 역시 매형을 따라 공산당 지지자가 되었다.

당시 에델의 남동생은 미 육군 소속 기계공이었다. 그는 자신에게 원자폭탄에 대해 물어보는 누나 부부에게 자신의 임무를 설명해주었고, 이후 매형의 소개로 소련 스파이에게 정보를 전달했다고 증언했다. 부부의 범행은 '세기의 범죄'로 알려지면서 그들은 사형을 선고받았다.

이를 둘러싸고 지나치다는 비판이 제기되어 사형을 반대하는 청원이 잇달았다. 심한 부담을 느낀 연방정부는 사형 집행 전날까지 부부를 설득했지만, 그들은 결코 고집을 꺾지 않았다. 이들은 연방정부와 국가가 개인을 탄압하고 있다고 주장했다. 놀라운 사실은 소련이 멸망한 후 줄리어스 로젠버그가 실제로 소련 스파이였음이 밝혀졌다는 것이다. 그가 빼돌린 기밀은 원자폭탄이 아닌 전파탐지기 정보였다. 하지만 미국 사회에서는 로젠버그 부부의 죽음을 둘러싸고 공정한 재판과 변론의 기회가 없었다는 논란이 제기되면서 엄청난 파장을 불러일으켰다.

1950년대 초반, 미국 전역을 휩쓴 것은 공산주의자 색출이었다. 1947년 3월에 미국 트루먼 대통령은 공산주의 확산을 저지하기 위해 미국의 적극적인 대외 정책을 기반으로 한 '트루먼 독트린'을 발표했다. 이후 소련과 공산주의의 확산을 막고 자유민주주의를 수호하기 위해 튀르키예, 그리스 등지에 군사적·경제적 지원을 퍼부었다. 더불어 미국 내에서는 반공 정서가 확산하면서 반미활동조사위원회를 중심으로 공산주의자를 조사하기 시작했다. 소련의 베를린 봉쇄와 핵실험 성공, 중국 내전에서 국민당의 패배 등이 공산주의에 대한 위협을 극대화했다.

이러한 상황에서 조지프 매카시(Joseph McCarthy) 위스콘신주 상원위원은 "중국을 공산당에게 빼앗긴 것은 미국 내부의 공산주의자 때문이다"라고 발언했다. 그리고 자신이 미국에서 활동하는 205명의 공산주의자 명단을 가지고 있다고 언급했다. 근거 없는 비방과 경력 위조 등으로 정치적 어려움을 겪고 있던 그는 일약 애국주의자로 부상했다.

앨저 히스(Alger Hiss) 사건도 미국에 엄청난 충격을 주었다. 루스벨트 대통령의 최측근이었던 그는 공산당의 간첩이라는 사실이 밝혀지자 여러 차례 거짓말로 위기를 모면했다. 하지만 결국 히스가 간첩이었다는 사실이 밝혀졌고, 그는 실형을 선고받았다.

이후 수많은 사람들이 공산주의 혐의로 체포되거나 심문받았다. 여기에는 유명인뿐만 아니라 일반인도 포함되었다. 결국 한 공군 장교가 가족의 사상 문제로 억울하게 퇴역당한 사건이 확산하면서 매카시의 견책 결정이 내려져 미국 사회의 반동주의는 막을 내렸다. 그가 가지고 있다던 명단은 끝내 명확하게 공개되지 않았다.

새로운 전쟁, 냉전의 온상이 된 포츠담 회담

냉전은 제2차 세계대전 후 사회주의와 자본주의 사이의 정치나 외교, 이념상의 갈등뿐만 아니라 군사적 위협을 둘러싼 투쟁을 뜻한다. 무기를 사용하지 않는 전쟁으로 흔히 '열전'과 대조적인 개념으로 사용된다.

1947년 미국 평론가 월터 리프먼(Walter Lippmann)이 집필한 논문 '냉전(The Cold War)'에서 처음 시작된 용어로, 포츠담 회담에서 본격적으로 언급되었다.

포츠담 회담은 1945년 7월 17일부터 8월 2일까지, 독일 베를린 근교에 위치한 포츠담 세실리엔 궁전에서 연합국 지도자들이 모여 나치 독일의 항복 이후 유럽 재건 및 태평양 전선 존경에 대해 논의한 회담이다.

당시 회담에는 미국 해리 트루먼(Harry Truman) 대통령과 영국 클레멘트 애틀리(Clement Attlee) 총리, 소련 이오시프 스탈린 서기장이 참석했다. 중국 총재 장제스(蔣介石)는 중일전쟁 중이었기 때문에 포츠담까지 오지 못하고 서명으로 대신했다.

당시 소련은 발칸반도를 비롯해 동유럽의 여러 지역에 위성국가를 설립했다. 그리고 자유선거를 실시하기로 했던 얄타 회담 협정 내용을 위반하고 폴란드에 공산당이 지배하는 정권을 수립했다. 자유주의 국가들은 스탈린이 폴란드에 공산당 정부를 수립한 것에 항의했고, 결국 임시정부 수립 후 자유선거를 실시하기로 했다. 그러나 폴란드는 소련의 위성국가로 전락하고 말았다. 이에 애틀리를 비롯한 자유주의 수호자들은 스탈린을 '악의 화신'으로 규정하면서 소련의 팽창을 저지하고자 했고, 포츠담 회담은 냉전의 온상이 되고 말았다.

포츠담 회담의 가장 큰 목적은 포츠담 선언이었다. 이미 유럽에서는 1945년 5월 9일에 나치 독일이 항복하면서 전쟁이 종결되었지만, 일본은 패전이 명확한 상황에서도 전쟁을 지속하고 있었다. 따라서 포츠담 선언의 중요한 목적은 일본의 무조건 항복을 권유하는 것이었다.

1945년 7월 26일, 포츠담에서 발표된 선언문은 총 13개의 항목이다. 전문에 해당하는 1~5항은 일본이 전 세계 사람들에게 지은 죄를 뉘우치고 이 선언을 즉각 수락할 것을 요구하고, 6~12항은 포츠담 선언을 통해 일본에 가해지는 제재, 13항에서는 일본의 무조건적인 항복을 규정했다. 만약 일본이 이를 거부한다면 즉각적이고 완전한 파멸을 맞을 것이라고 경고했다. 그러나 일본은 포츠담 선언을 거부했다. 이 때문에 히로시마와 나가사키에 원자폭탄이 투하되었고, 1945년 8월 15일 일본은 무조건 항복을 선언했다.

철저하지 못했던 극동국제군사재판

제2차 세계대전이 종식된 후 연합국은 1946년 5월 3일부터 1948년 11월 12일까지 약 2년 반에 걸쳐 전쟁과 관련된 범죄인을 재판했다. 이를 '극동국제군사재판', 일명 '도쿄전범재판'이라고 부른다. 당시 60명 이상의 전범 용의자 중에서 28명이 기소되었고, 이 가운데 25명이 실형을 선고받았다. 이 재판에서는 전쟁범죄를 A형, B형, C형으로 구분했다.

이 구분은 범죄의 경중에 따라 구분한 것이 아니라 재판의 편의를 위해 분류한 것이다. A형은 평화에 대한 죄로, 전쟁을 기획하고 주도한 전범을 의미한다. B형은 일반적인 전쟁 범죄

| 극동국제군사재판의 피고인들.

로, 전쟁법과 전쟁 관습법을 어기고 민간 학살을 저지른 전범을 의미한다. C형은 비인도적 범죄로, 상부의 명령에 따라 민간인이나 포로를 고문하고 살해한 전범을 뜻한다. 당시 몇몇 사람들은 여러 개의 전범행위로 기소되기도 했다.

놀라운 점은 A형 전쟁 범죄로 사형 선고를 받은 전범이 한 명도 없었다는 사실이다. 당시 극동국제군사재판에서 논란이 되었던 것은 바로 A형 전쟁 범죄였다. 변호사 측은 전쟁을 결정한 개인에게 책임을 물어서는 안 된다고 주장했다. 이는 국가 차원의 배상 이외에 또 다른 형태로 보복하는 선례를 남겨서는 안 된다는 것을 의미했다. 따라서 A형 전범들은 징역형을 선고받은 사람들이 많았고, 오히려 B형이나 C형 전범들이 사형 선고를 받았다.

재판 결과, 당시 총리 도조 히데키(東條英機)를 비롯한 7명은 사형, 16명은 종신형, 1명은 금고 20년, 1명은 금고 7년형을 받았다. 2명은 판결 전에 사망했고, 1명은 매독으로 인한 정신 이상으로 소추 면제되었다. 7명의 사형은 1948년 12월 23일에 시행되었다. 그런데 이들의 유해가 야스쿠니 신사(靖國神社)에 합사되면서 우리나라를 비롯해 여러 나라가 거세게 항의하기도 했다.

야스쿠니 신사는 도쿄 지요다구에 위치한 일본 최대 규모의 신사다. 신사는 일본 황실의 조상이나 신 또는 국가에 큰 공을 세운 사람을 신으로 모신 사당이다.

1867년 말에 에도 막부가 끝나고 메이지 유신이 시작되었지만, 여전히 막부는 실질적인 권력을 행사하고 있었다. 막부 세력과 반(反)막부 세력의 갈등이 심화되는 상황에서 1868년에 내전이 발생했고, 이때 메이지 덴노는 반막부 세력을 지지했다. 이후 나라를 위해 싸운 전사자들을 위한 위령시설을 세우고 위령제를 지냈다. 창건 초기에는 쇼콘사(招魂社)라는 이름으로 부르다가 이후 1870년에 국가신토를 일본의 국교로 삼으면서 야스쿠니 신사로 개명했다.

현재 야스쿠니 신사에는 246만 명 정도가 합사되어 있다. 시신이나 유골은 없고 이름과 본관, 생일, 사망 장소를 적은 문서가 봉안되어 있다. 논란이 되는 것은 제2차 세계대전의 전범들과 제국주의자들이 합사되어 있다는 점, 그리고 이들을 신으로 모신다는 점이다. 야스쿠니 신사에는 강제징용 피해자와 같이 합사를 원하지 않는 사람까지 포함되어 있다. 그러니 논란이 더욱 커질 수밖에 없다.

지금까지 야스쿠니 신사는 종교 시설이라는 이유로 정부에서 관여하기 어렵다는 입장을 취해왔다. 하지만 일본 총리나 장관 등 정부 주요 인사들이 주기적으로 참배하는 만큼, 사실상 종교 시설을 넘어 국가 시설의 성격을 띠는 것이라 볼 수 있다. 제2차 세계대전이라는 과거사를 올바른 방식으로 청산하려는 일본 정부의 의지를 전혀 볼 수 없다.

흔히 극동국제군사재판을 '뉘른베르크 전범 재판의 극동아시아판'이라고 부른다. 이 두 재판은 살아 있는 인간을 대상으로 끔찍한 생체실험을 시행했고, 제2차 세계대전을 일으켰던 나치 독일과 일본의 범죄를 처리하기 위해 열렸다는 공통점이 있다. 그러나 뉘른베르크 전범 재판처럼 극동국제군사재판은 철저하지 않았다. 재판 판결이 공정하지 못했던 것이다. 억

울한 사람이 사형에 처해지거나 실제로 처벌받아야 할 사람이 법의 심판을 피해가기도 했다.

역사학자는 이러한 차이점의 배경으로 당시 심화했던 냉전을 언급한다. 냉전 때문에 동아시아에서 일본의 지정학적 가치가 격상되면서 일본의 전범을 처리하는 것보다 회복시키는 일에 미국이 더 많은 관심을 가졌다는 것이다. 실제로 극동국제군사재판에서 731부대의 생체실험이 언급되었지만, 관련자들은 실험 자료를 미국에 제공하는 대가로 아무런 처벌도 받지 않았다. 결국 수십만 명의 마루타를 끔찍한 생체실험 희생양으로 삼았던 731부대의 광기 어린 행동은 역사 속으로 사라지고 말았다.

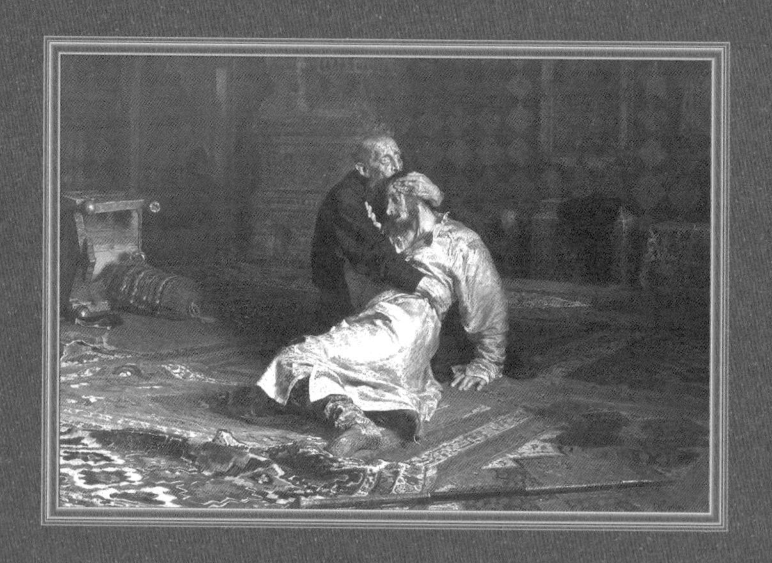

PART 5

백인 우월주의가 낳은 터스키기 생체실험의 비극

KKK 전성시대 때 행해진 폭력의 이유

1

백인우월주의, KKK의 탄생

1939년에 개봉한 영화 〈바람과 함께 사라지다〉는 미국 역사상 최고의 흥행작이었다. 당시 600만 달러의 엄청난 제작비를 들여 만든 이 영화는 미국 내전 당시 남부 조지아주 농장주의 딸 스칼렛 오하라(Scarlett O'Hara)의 삶을 다루었다.

무명작가 마가렛 미첼(Margaret Mitchell)이 쓴 소설이 원작이다. 스칼렛은 자신의 첫사랑을 잊지 못해 여러 남성 사이를 방황하지만, 결국 자신이 미워한다고 생각했던 레트 버틀러(Rhett Butler)가 진정으로 사랑했던 사람이라는 사실을 깨닫고는 고향으로 돌아간다. 이 영화 덕분에 흑인 여배우가 아카데미 조연상을 최초로 받기도 했다. 그런데 최근 〈바람과 함께 사라지다〉가 미국 온라인 동영상 서비스 콘텐츠 목록에서 제외되었다. 당시 미국 사회에서 흔했던 인종적 편견이 영화에 반영되었기 때문이다.

영화에 묘사된 인종적 편견은 노예제 옹호와 흑인의 부정적 이미지 심화였다. 미국 내전 당시 남부에서 백인에게 충성하는 흑인은 정성껏 돌봐주지만, 북부에서 흑인들을 선동해서 헛된 기대를 불어넣기 때문에 전쟁이 발생한 것처럼 분위기를 조장한다. 영화에서 더욱 문제가 되는 것은 'KKK'다.

KKK는 '원'을 뜻하는 'Ku Klux'와 '집단'을 의미하는 'Klan'의 합성어에서 유래된 말로, 미국의 극우비밀결사 단체를 뜻한다. 이들은 백인 우월주의를 비롯해 반유대주의, 인종차별주의, 기독교 근본주의, 반동성애주의 등을 표방하고 있다. 영화에서 KKK는 사악한 북부인 및 흑인으로부터 순수한 남부인을 수호하는 용감한 집단으로 묘사되었고, KKK 단원이었던 스칼렛의 두 번째 남편이 사망하자 그녀는 남편의 용기를 진심으로 칭송하기도 했다.

KKK의 유래는 미국 내전으로 거슬러 올라간다. 1865년에 테네시주 남부에 있는 펄래스키에서 6명의 남부 퇴역 장군들에 의해 설립되었다. 초기에는 남부 백인의 기득권을 유지하기 위한 목적에서 시작되었다. 그래서 당시 최고 기병대장인 네이선 포레스트(Nathan Forrest)를 초대 회장으로 추대했다. 그는 미국 내전 이전에 노예무역을 통해 막대한 부를 축적했고, 멤피스 시의원을 역임하기도 했다.

KKK는 포레스트를 중심으로 남부인의 자존심을 회복하기 위한 여러 가지 활동을 하다가 점차 조직 내부에 갈등이 발생했다. 그러자 포레스트는 회장을 사임했다. 이후 KKK는 친목도모 단체에서 흑인을 배척하고 폭력을 가하는 단체로 변질되었다. 놀랍게도 포레스트는 후일 흑인에 대한 폭력을 반대하고 민권법을 찬성하는 운동에 참여하게 되었다.

당시 KKK의 목적은 흑인과 백인을 분리하는 것이었다. 미국 연방헌법 수정조항 제13조에서는 모든 노예제를 금지했고, 수정조항 제15조에서는 미합중국이나 각 주는 시민의 투표권을 인종, 피부색, 과거의 신분을 이유로 거부하거나 제한하지 못한다고 규정하고 있다.

그럼에도 불구하고 당시 미국 사회에서 백인과 흑인은 철저하게 분리되어야 한다는 믿음이 만연했다. KKK는 해방된 흑인 노예나 노예제 폐지를 지지하는 백인을 습격해 폭행하고, 투표권을 행사하려는 흑인들을 위협했다. 이들은 흰색 천으로 온몸을 감쌌는데, 이는 자신이 백인임을 과시하고 흑인을 주눅 들게 하기 위해서였다.

KKK의 대표적인 폭력, 린치

KKK의 폭력이 과격해지자 1870년에 시행법이 제정되었다. 이 법 제2조에 따르면 어떤 사람도 인종이나 피부색 또는 이전의 예속 조건으로 권리를 박탈당할 수 없다고 명시되어 있다. 이 조항을 위반하는 사람 혹은 공무원은 최소 500달러의 벌금을 물어야 하며, 법원 재량에 따라 1개월에서 1년까지 징역형을 선고받을 수 있다고 명시되어 있다.

이와 더불어 제3조에서는 미합중국의 대통령은 이런 행위의 결과로 발생한 반란을 진압하거나 자유민을 무력화시키기 위해 군대와 주 민병대를 사용할 권리를 가지고 있다고 언급했다. 결국 1870년 법 제정을 계기로 KKK의 세력은 약화될 수밖에 없었고, 이들의 행동은 비밀리에 시행되기 시작했다.

20세기가 되면서 KKK의 성격은 더욱 과격해졌다. 과거에는 단순히 흑인만 적대시했다면 인종이나 종교가 다른 소수 집단을 모두 적대시했고, 세력이 최대로 확대되었을 때는 회원이 200만 명 이상이었다. 확산의 배경이 된 것 가운데 한 가지는 바로 영화 〈국가의 탄생〉이었다. 1914년에 제작된 무성 영화 〈국가의 탄생〉은 미국 내전을 배경으로 하는 데이비드 그리피스(David Griffith) 감독의 작품이다.

제1부에서는 전쟁을 다루고, 제2부에서는 백인과 흑인의 인종 문제를 다루고 있다. 특히 남부에서 선량한 흑인 노예를 해방시키고, 흑인과 백인이 동등하며, 남부 백인이 자신들의 이익을 위해 흑인을 착취한다는 중상모략을 퍼뜨려 무지한 흑인이 이에 속아 넘어가는 것으로 묘사되어 있다. 그리고 사악한 흑인을 심판하는 집단으로 KKK를 부활시킨다.

〈국가의 탄생〉은 세계 영화사에서 중요한 역할을 한다. 이 영화를 기점으로 오늘날 우리가 영화 속에서 쉽게 볼 수 있는 클로즈업이나 플래시백과 같은 기법들이 본격적으로 등장했기 때문이다. 엔딩 장면에서 극적인 분위기를 고조시킨 교차 편집 기법은 영화사의 혁신이라고 언급된다. 그렇지만 〈국가의 탄생〉은 수많은 논란을 야기했다.

영화의 원작은 토머스 딕슨 주니어(Thomas Dixson Jr.)가 쓴 소설 『클랜스맨(Clansman)』이다. 이 소설의 부제는 'KKK의 역사적 로맨스(A Historical Romance of the Ku Klux Klan)'다. 원작과 마찬가지로 〈국가의 탄생〉에서는 노예제도 폐지를 비판하고 흑인을 노골적으로 조롱했으며, KKK를 정의를 수호하는 기사처럼 묘사했다.

1925년과 1926년 2차례에 걸쳐 KKK는 워싱턴 D.C.로 대규모 행진을 했다. 1925년 8월 9일에 〈워싱턴 포스트〉는 '주요 간선 도로 위로 흰 가운이 펼쳐진 KKK의 유령 같은 호스트가 지금까지 본 시위 가운데 가장 볼 만한 것이었다'라는 기사를 실었다. 1925년 8월 8일, 수만 명의 KKK 단원들은 워싱턴 기념비를 따라 행진했다. 당시 상원의원을 비롯해 많은 정치인 중에도 KKK 단원들이 있었다. 이들은 다른 어느 시기보다도 소수 이민자와 흑인에게 끔찍한 폭력을 저질렀다.

이 시기 KKK의 대표적인 폭력이 '린치(Lynch)'였다. 린치란 법원의 판결을 거치지 않고 임의로 형벌을 내리거나 폭력을 가하는 행위다. 그 기원은 18세기로 거슬러 올라간다.

미국의 사법 체계가 아직 확립되지 않았을 때 버지니아주 치안판사 찰스 린치(Charles Lynch)는 흉악범을 사적으로 처리하기 위해 「린치법」을 동원했다. 이는 보안관이나 법원이 없는 지역에서 질서 유지를 위해 대중의 동의만으로 범죄자를 처벌하는 관행을 의미한다. 이후 미국 내전을 거치면서 법적 절차를 거치지 않고 흑인을 무차별적으로 폭행하거나 처형하는 백인의 행위를 지칭하는 용어로 변형되었다.

노예제도를 폐지한 미국 연방헌법 수정조항 제13조나 '적법 절차(Due process of law)'에 의하지 않고는 어떤 사람이든 생명이나 자유, 재산을 박탈할 수 없으며, 법률에 의한 평등한 보호를 거부하지 못한다는 내용의 수정조항 제14조, 인종이나 피부색으로 투표권을 제한할 수 없다는 수정조항 제15조가 제정되자 린치가 본격적으로 활성화되기 시작했다.

1868년에는 사우스캐롤라이나주에서 아칸소주에 이르는 지역에 걸쳐 1,300명 이상의 흑인이 교수형이나 화형 등의 처벌을 받았다. 결국 수많은 흑인들은 투표권을 포기할 수밖에 없었다.

린치의 이유는 매우 다양했다. 백인 여성에게 구애하거나 간통을 저질러서 백인을 심리적·생물학적으로 위협하는 경우, 말다툼을 하거나 수상한 행동을 하는 경우에도 린치를 당했다. 알아듣기 어려운 언어를 사용하거나 이상하게 생겼다는 이유로 린치를 당하기도 했다. 다시 말하면 린치의 이유는 매우 사소했다. 그저 흑인이라는 것이 가장 중요한 이유였다.

당시 가장 흔한 것이 성폭력 사건이었다. 백인들은 흑인 남성에게 백인 여성을 강간했다는 누명을 씌워 잔인한 폭력을 가하거나 끔찍하게 살해했다. 1921년 6월, 오클라호마주 털사에서 흑인 구두닦이가 백인 여성을 강간하려 한 혐의로 체포되었다. 그러자 수많은 신문에서는 '흑인에게 사형을'이라는 자극적이고 선정적인 제목의 기사를 게재했다. 1만 명 이상의 백인들은 폭도로 변해 흑인의 주거지를 약탈했다. 통계 자료에 따르면 300명 이상의 흑인이 살해된 것으로 알려져 있다.

1923년에 플로리다주의 로즈우드에서도 유사한 사건이 발생했다. 흑인 남성이 백인 여성을 강간했다는 근거 없는 소문이 확산하면서 백인 남성들은 광분했고, 이 사건으로 6명의 흑인이 교수형을 당하거나 사지가 절단된 채 사망했다. 사건이 발생한 로즈우드 마을은 흔적도 없이 사라져버렸다.

린치는 비단 흑인 남성에게만 가해지지 않았다. 흑인 여성에게도 끔찍한 폭력이 가해졌다. 이 가운데 가장 놀랄 만한 일이 로라 넬슨(Laura Nelson) 사건이다. 그녀는 오클라호마주 페이든에 거주하고 있었다. 19세기 말까지 백인이 85% 이상 거주하고 있던 지역이었다. 기록에 따르면 1930년까지 오클라호마주에서 총 147건의 린치가 발생했는데, 전체 피해자 가운데 약 65%가 흑인이었다.

로라에게는 아들이 하나 있었다. 어느 날, 사람들에게 존경을 받던 보안관 조지 론니(George Loney)가 그녀의 집에 방문했다. 마을에서 없어진 송아지를 찾기 위해서였다. 그런데 집에 방문했을 때 로라의 아들이 우발적으로 총을 쏘면서 보안관

이 사망했다. 이후 백인들은 감옥에 갇힌 이들을 빼돌려 린치를 가했다. 로라는 백인들에게 강간당했고, 아들과 함께 다리에 목이 매달렸다.

미국 싱어송 라이터 우디 거스리(Woody Guthrie)는 〈내 아이와 아들을 죽이지 마세요〉라는 노래로 이 사건을 다루었는데, 놀랍게도 그의 아버지가 린치에 가담했던 사람 중 한 명이었다.

1920년대는 그야말로 KKK의 전성시대였다. 초기 KKK는 애국심이나 남부를 재건하려는 자존감에서 시작되었으나 점차 인종차별주의가 심화하면서 변질되기 시작했다. 미국 내전 이전의 전원적이고 평화로웠던 남부 사회로 되돌아가려 했던 이들의 열망은 이제 피부색과 종교, 언어가 다른 인종을 미국 사회에서 추방하고, 자신들만의 유토피아를 건설하려는 편협한 세계관으로 변모했다. 인종차별주의가 인종 혐오로 바뀌면서 이들은 자신들의 신념을 지지해줄 사상과 정책을 더욱 적극적으로 모색하기 시작했다.

백인 우월주의가 초래한 것들

2

『흑인 소년 삼보 이야기』의 경우

아무런 연관성이 없어 보이는 10명의 사람이 어떤 섬에 초대를 받았다. 이들이 섬에 도착하자 녹음기에서는 그들의 죄와 살인 예고가 흘러나왔다. 그리고 그 순서에 따라 살인이 발생한다. 흥미롭게도 살인의 순서는 다음과 같은 노래 가사에 따른 것이었다.

"10명의 아메리카 원주민 꼬마 중 1명이 집으로 걸어가 9명이 되었고, 이 중 1명이 문을 흔들다가 떨어져 8명이 되었다. 천국에서 놀다가 1명이 잠들어 7명이 되었고, 트럭을 자르다

1900년 미국에서 발행된 『흑인 소년 삼보 이야기』 초판 표지.

가 자신의 목을 잘라 6명이 되었으며, 1명이 죽어 5명이 되었다. 그리고 지하실 문 위에 있다가 넘어져 4명이 되었다. 1명은 어리둥절했고, 셋 중 1명은 카누에 탔다가 떨어져 2명이 남았다. 이들은 총을 가지고 놀다가 다른 1명을 쏴서 결국 1명이 남았는데, 혼자 살다가 목을 매었다." 범인은 소시오패스인 판사로 밝혀졌다.

위 내용은 영국의 추리소설가 애거서 크리스티(Agatha

Christie)의 소설 『그리고 아무도 없었다(And Then There Were None)』의 내용이다. 이 소설의 원래 제목은 마더 구스(Mother Goose)에 실린 노래와 동일한 『10명의 흑인 소년(Ten Little Niggers)』이다. 마더 구스는 17세기 이후 유행한 동화를 수집한 저자를 의미한다. 프랑스 동화작가 샤를 페로(Charles Perrault)가 1697년에 집필한 『옛날 이야기(Histoires ou Contes du Tempus Passé)』의 부제가 바로 '마더 구스(Contes de ma mére l'Oye)'였다.

그의 동화책이 영어로 번역되면서 이후 모든 동요는 '마더 구스'라는 이름으로 불리기 시작했다. 자장가나 우화, 설화까지 이 이름으로 불렸다. 크리스티의 소설에서는 흑인 소년 대신 아메리카 원주민 소년이라는 표현이 등장한다. 이에 대해 인종차별 논란의 여지가 발생할 수 있어서 변경한 것이라는 주장이 제기되고 있다.

크리스티의 소설이 흑인에 대한 인종차별에 다소 유의했던 작품이라면, 오히려 인종차별 논란을 가속화했던 작품도 있다. 바로 1899년에 스코틀랜드 동화작가 헬렌 배너먼(Helen Bannerman)의 작품 『흑인 소년 삼보 이야기(The Story of Little Black Sambo)』다.

흑인 소년 삼보는 부모님이 사준 셔츠와 바지, 우산, 그리고 장화를 신고 산책을 나갔다가 호랑이한테 모두 빼앗겼다. 집으로 돌아오던 중 네 마리의 호랑이가 서로 꼬리를 물고 싸우다가 삼보의 물건이 떨어져 옷과 우산, 장화를 되찾았다. 하지만 너무 빨리 도는 바람에 호랑이들은 버터가 되었고, 삼보는 팬케이크를 만들어 먹고 건강해졌다.

처음 책이 출간되었을 때 많은 비평가들은 흑인을 긍정적으로 묘사했다고 평가했다. 하지만 20세기 중반부터 흑인 소년의 이름 '삼보(Sambo)'가 어두운 피부색을 가진 사람들에 대한 인종차별적 시선이라며 비판이 거세지기 시작했다.

1920년대 할렘 르네상스 시기의 대표적인 흑인 시인이자 소설가인 랭스턴 휴즈(Langston Hughes)는 배너먼의 동화책이 흑인 어린아이들에게 상처를 주는 전형적인 동화책이라고 비판했다. 결국 『흑인 소년 삼보 이야기』는 어린아이들의 권장 동화 목록에서 사라졌다.

역사학자에 따르면, 삼보는 '잠보(Zambo)'라는 스페인어에서 유래된 것이다. 이는 아프리카 원주민과 아메리카 원주민의 혼혈을 의미한다. 이들의 인종 혼합은 잠보, 그리고 삼보라는 순서대로 나타났다.

15세기에 스페인과 포르투갈이 남아메리카를 정복한 이후부터 19세기까지 1,100만 명 이상의 아프리카 원주민이 남아메리카로 강제 이주했다. 이들 가운데 북아메리카로 이동한 아프리카 원주민은 약 40만 명 정도로 추정된다. 대부분은 브라질과 카리브해 연안 및 기타 식민지로 이동해 사탕수수 플랜테이션이나 은광에서 강제 노동을 했다. 결국 이들에게 잠보 혹은 삼보라는 단어는 강제 이주와 노동이라는 가슴 아픈 역사의 산물인 셈이다.

노예 사냥꾼에 의해 아메리카로 강제 이주한 아프리카 원주민들은 이후 오랫동안 백인들로부터 정신적·육체적 학대를 받았다. 당시 대부분의 백인은 이들을 열등한 인종이라고 믿었고, 백인이 이들을 지배하는 게 당연하다고 생각했다.

이들의 믿음에는 '백인 우월주의(White Supremacy)'가 뿌리 깊이 존재하고 있었다. 백인 우월주의는 일종의 선민사상(選民思想)이다. 선민사상이란 종교나 민족 등을 이유로 다른 집단보다 자신이 더 우월하다고 생각하는 것을 의미한다.

인류 역사에서 선민사상의 기원은 상당히 오래되었다고 볼 수 있다. 역사학자는 전쟁이 발발하면서부터 선민사상이 나타났던 것으로 추정한다. 당시 선택받은 민족이나 국가가 지배하던 영토의 물리적·문화적·종교적 경계를 넘어 다른 지역을 지배하는 일이 당연하다고 여겼다. 이러한 생각은 제국이 등장한 이후 더욱 확고해졌고, 그 속에서 문명과 야만이라는 이분법적 구분이 나타났다.

문명과 야만의 구분 이후의 세상

문명과 야만의 이분법적 구분은 고대 그리스까지 거슬러 올라간다. 그리스인은 자신을 문명인이라고 생각했던 반면, 그리스어를 알아듣지 못하던 외국인을 모두 야만인으로 취급했다. 이들을 '바르바로이(Barbaroi)'라고 불렀는데, 시간이 지나면서 점차 비하하는 의미가 더해졌다.

당시 지중해와 소아시아 지역에서 막강한 패권을 지녔던 제국 페르시아도 그리스어를 사용하지 않는다는 이유로 '바르바로이'라고 불리면서 야만인으로 취급했다. 그리스의 저명한 철학자 아리스토텔레스는 "바르바로이는 그리스인의 노예가 되기 위해 태어난 존재이자 인간이 아닌 동식물과 마찬가지"라고 말하기도 했다.

동북아시아에서도 비슷한 사상이 존재했다. 바로 중국의 중화사상(中華思想)이다. 중화사상은 중국의 자문화 중심주의적 사상을 의미하는 것으로, 중화 이외의 다른 사상이나 문화를 '이적(夷狄)'이라고 부르면서 천시하거나 배척했다. 중국이 세상의 중심이자 가장 발달한 문화를 가지고 있다는 선민의식을 잘 보여주는 사상이다.

이러한 선민의식은 19세기 말에 널리 확산했다. 이는 '사회

구스타프 클림프, 〈생명의 나무〉, 1905년 작품. 오스트리아 화가 클림트는 건축가 요제프 호프만의 부탁을 받고 이 그림을 그렸다. 우주와 생명의 기원을 상징하는 그림이다. 찰스 다윈 역시 생명이 공통 조상에서 분화되어 다양한 종이 나타나는 방식으로 진화한다고 생각했다.

진화론(Social Darwinism)' 때문이었다. 사회진화론은 영국의 사회학자 허버트 스펜서(Herbert Spencer)가 제시한 사회학 이론으로, 찰스 다윈의 이론을 인류 사회에 적용한 것이라 할 수 있다.

다윈은 『종의 기원』에서 어느 종이나 자손을 생산하지만 소수만 살아남게 되는데, 작더라도 유익한 변이를 보존하면 생존할 수 있다는 자연선택 이론을 주장했다. 스펜서는 바로 이 이론을 바탕으로 '최적화생존'이라는 용어를 만들었고, 이에 영향을 받은 다윈은 가장 잘 적응한 생물이 살아남는다는 의미를 지닌 '적자생존'이라는 용어를 사용하기 시작했다.

그들은 사회진화론은 인류 사회도 자연과 마찬가지로 적자생존의 원칙이 작동하고, 그 과정에서 사회가 일정한 방향으로 발전한다고 주장했다. 이들은 인류 사회가 야만에서 문명의 단계로 발전 및 진화한다고 주장했고, 이러한 진화 모델이 바로 서유럽이라고 생각했다. 서유럽 일부 국가들은 서유럽 문명의 발전 모델을 미개한 국가들에게 적용해야 한다고 주장했다. 그리고 인종적·문화적으로 우월한 국가가 열등한 국가를 침략하고 지배하는 것은 '자연의 고유한 법칙'이라고 포장했다. 그 과정에서 선민의식은 더욱 고착화되었고 백인 우월주의 역시 심화했다.

백인 우월주의는 백인이 다른 인종 혹은 특정 인종보다 선천적으로 더 우월하다고 믿는 사상이다. 이들 가운데 인종주의나 외국인 혐오증을 드러내는 사람들이 많고, 백인의 기준 역시 상당히 다양하다. 일부 사람에게 백인은 주로 서유럽계 백인만을 의미하기 때문에 동유럽계나 남유럽계 백인, 유대인, 인도 아리아인 등은 백인에 포함하지 않는다. 아일랜드인을 '흰 백인(White Nigger)'이라고 불렀던 것이 대표적이라 할 수 있다. 결국 백인이라는 범주에는 피부색뿐만 아니라 종족적·민족적 특징까지 복합적으로 포함되어 있다.

백인 우월주의와 「짐 크로우 법」

미국 사회의 백인 우월주의는 「짐 크로우 법(Jim Crow Law)」 아래 더욱 가속화되었다. 1835년에 토머스 라이스(Thomas Rice)는 민스트럴 쇼에서 '짐 크로우'라는 흑인으로 분장하고서 노래와 연기를 했다. 민스트럴 쇼는 19세기 중반부터 20세기 초까지 상연된 미국의 뮤지컬 쇼다.

라이스의 짐 크로우는 상당한 인기를 얻었다. 그런데 놀랍게도 그가 연기했던 흑인의 모습은 조롱의 대상이었다. 초라

〈짐 크로우〉, 작자 및 연대 미상. 토머스 라이스가 연기했던 짐 크로우의 모습이다. 형형색색의 누더기 옷을 걸치고 다 떨어진 신발을 신은 채 과장된 표정과 몸짓을 하고 있다. 이러한 흑인의 모습을 통해 당시 미국 사회에 만연했던 백인 우월주의를 엿볼 수 있다.

하고 우스꽝스러운 복장에 게으르고 멍청하며, 늘 거짓말을 하는 캐릭터였다.

당시 많은 백인들은 짐 크로우를 보면서 백인 우월주의를 느꼈다. 이는 미국 사회 내에서 흑인에 대한 고정관념을 더욱 강화시켰다. 이후 짐 크로우는 흑인을 경멸하는 단어로 자리매김했고, 백인 우월주의를 반영하는 분리법에도 이름이 붙여졌다.

「짐 크로우 법」은 「흑인 단속법(Black Codes)」에서 유래했다. 일반적으로 「흑인 단속법」은 미국 내전 후 재건 시대에 남부 각 주 의회가 흑인의 의무와 권리 등을 규정한 법으로, 당시 남부사회의 치안을 유지하기 위해 제정되었다. 이 시기에 남부에서는 산업이 발달했던 북부와 달리, 흑인 노동력이 주를 이루는 농업이 발달했기 때문에 백인과 흑인이 평등하다는 사상은 남부사회와 경제를 유지하는 데 매우 위험한 것이었다.

이를 위해 남부의 여러 주는 「흑인 단속법」을 제정했고, 이후 연방헌법 수정조항 제14조에 의해 흑인들에게 투표권이 부여되자 「짐 크로우 법」이 제정되었다. 이 법을 통해 공립학교, 대중교통, 화장실, 식당 등 공공장소에서 흑인에 대한 차별이 합법화되었고, 문자 해독 테스트를 통해 흑인의 투표권을 제한했다.

1896년에 미국 연방대법원의 '분리하되 평등하다(Separate but equal)'라는 판결은 백인 우월주의와 「짐 크로우 법」이 지배했던 시기의 미국 사회를 잘 보여준다.

호머 플레시(Homer Plessy)는 루이지애나주에서 백인 차량에 탑승했고, 흑인 차량으로 이동하기를 거부했다. 이를 둘러싸고 발생한 '플레시 대 퍼거슨 사건'은 1/8만큼의 흑인 혈통을 가진 플레시가 백인 차량에 탑승한 것은 흑백분리 규정을 위반한 것이라고 판결했다. 이후 미국 사회의 흑인들은 '분리하되 평등하다'라는 말 아래 노골적으로 인종차별을 당했다. 이러한 현상은 1964년 「민권법」과 1965년 「선거권법」이 제정될 때까지 계속되었다. 백인 우월주의 아래 발생한 명백한 불평등이었다.

터스키기 생체실험과 백색 가운의 악마

3

분리하되 평등하다

미국 사회에 만연했던 백인 우월주의와 인종차별을 그림 속에 녹여 낸 화가가 있다. '검은 피카소'라고 불렸던 미국의 그래피티 아티스트 장 미셸 바스키아(Jean Michel Basquiat)다. 그는 아이티 출신의 아버지와 푸에르토리코 출신의 어머니 사이에서 태어나 흑인 차별을 경험했다. 그러다가 미국 팝 아트의 선구자인 앤디 워홀(Andy Warho)을 만나면서 유명세를 탔다.

바스키아의 작품을 잘 살펴보면 마치 어린아이가 그린 것처럼 매우 단순하다. 이를 둘러싸고 많은 평론가들은 '흑인으로서 그가 경험했던 차별과 인종 문제가 그림에 반영된 것'이라고 해석한다.

특히 바스키아는 석탄이나 타르 등 흑인의 피부색을 연상하는 검은색을 사용했다. 이는 당시 미국 사회의 인종차별을 둘러싼 그의 분노를 잘 보여주는 것이라 할 수 있다.

20세기 중반까지 「짐 크로우 법」이 지배했던 미국 사회에서 가장 널리 유행했던 말이 있다. 바로 '분리하되 평등하다'였다. 이는 마치 백인과 흑인을 평등하게 대우하고, 미국 내전 이전처럼 이들 사이에 우열에 따른 인종차별이 존재하지 않는 것처럼 들린다. 그러나 우리가 알고 있는 평등과는 그 개념이 매우 다르다.

연방대법원의 판결을 근거로 미국 사회에서는 교육, 직업, 교통수단 등에서 백인과 흑인을 차별하지 않았다. 흑인도 교육받을 수 있었고 기차나 버스를 탈 수 있었다. 그러나 백인이 다니는 학교에서 교육받을 수는 없고, 백인이 타는 차량에도 탑승할 수 없다. 이것이 '분리하되 평등하다'라는 원칙의 핵심이었다.

이러한 점에서 본다면, 이 원칙은 '평등'이라는 단어에도 불구하고 다른 어떤 법이나 원칙보다 백인 우월주의를 가장 잘 보여주는 셈이다.

끔찍한 이반의 병, 매독

모스크바 대공국은 러시아 역사에서 매우 중요한 역할을 담당했다. 몽골 제국과의 관계에서 조공을 바치면서 협력해 현명하게 대처했고, 정치와 경제의 중심지로 부상했다.

1547년에 차르로 집권한 이반 4세(Ivan IV)는 상인의 지지로 황제가 될 수 있었다. 그는 개혁을 통해 지방정부의 자치권을 중앙정부로 통합시켰다. 그리고 상비군을 창설하고 토지제도를 개편했다.

대외적으로는 몽골인이 볼가강 중류에 건국한 카잔 칸국을 정복했다. 영국을 비롯해 서유럽 국가와의 교역도 시도했다. 이와 같은 그의 업적은 다수의 국민한테 칭송을 받았다. 그야말로 나무랄 데 없는 치세였고, 역사 속에서 성군으로 기록될 수도 있었다.

이반 4세는 '끔찍한 이반(Ivan the Terrible)'이라는 별명을 가졌다. 그가 이런 별명을 얻게 된 것은 통치 후반기부터였다. 역사학자에 따르면, 이반 4세가 걸렸던 병이 매독이었는데 1960년대 그의 유해를 부검했을 때 다량의 수은이 검출되었다. 학자는 그가 매독을 치료하기 위해 수은을 이용했고, 그가 보였던 난폭하고 위협적인 행동이 수은 중독 때문에 발생한

일리야 레핀(Ilya Repin), **〈이반과 그의 아들〉, 1885년 작품.** 러시아 화가 일리야 레핀은 혁명주의 사상에 영향을 받아 사실주의 그림을 많이 그렸다. 그는 아들을 쇠몽둥이로 내리친 다음 후회하는 이반 4세의 모습을 그렸다. 얼핏 보면 그에 대한 연민이나 동정을 불러일으킬 수 있지만, 레핀은 당시 러시아를 지배하고 있던 알렉산드르 3세(Alexander III)의 폭정이 이반 4세 시대와 그리 다르지 않다는 사실을 민중들에게 상기시키고자 했다.

것이라 추측한다.

매독에 걸린 이반 4세는 자신의 병이 낫지 않을 것이라고 생각했다. 그래서 신하들로 하여금 생후 5개월된 아들 드미트리(Dmitry)에게 충성할 것임을 서약하게 했다. 하지만 이반 4세에게 충성했던 신하들은 그의 예상과는 달랐다. 그의 이복형인 블라디미르 스타리츠키(Vladimir of Staritsa)를 새로운 차르로 삼으려 했다.

놀랍게도 이반 4세는 기적적으로 쾌차했고, 그는 충신들이 자신을 배반했다는 사실을 알게 되었다. 이들의 갈등은 러시아의 팽창 방향을 둘러싸고 더욱 극심해졌다.

이반 4세는 서방으로 진출하려 했지만 신하들은 동방으로 진출해야 한다고 주장했다. 갈등 끝에 결국 이반 4세의 고집대로 발트해 연안을 침공했지만 얻은 것은 아무것도 없었다. 게다가 이 시기에 발생한 기근과 역병 때문에 이반 4세에 대한 민심은 더욱 악화했다.

1560년 황후 아나스타샤(Anastasia)가 사망했다. 이후 이반 4세는 광기를 보였다. 그는 반역자들이 황후를 독살했다고 생각했다. 그래서 이복형 블라디미르를 포함해 주변 사람들을 숙청하기 시작했다.

그는 치안을 유지한다는 명목으로 자신에게만 복종하는 흑위병을 창설했다. 흑위병은 귀족과 농민을 약탈하고 학살했다. 숙청이 증가할수록 사람을 고문하고 학대하는 방법 역시 진화했다. 끓는 물에 사람을 삶거나 긴 꼬챙이로 꿰었다. 기둥에 묶고 천천히 돌리면서 굽기도 했다.

'차르는 귀족의 권리를 존중하고 평민의 생활을 보호해야 한다'는 목소리에 이반 4세는 다음과 같이 주장했다.

"러시아의 차르는 전제군주이므로 누구의 비판도 받을 필요가 없다. 차르는 신께서 내리신 노예들을 뜻대로 부릴 권리가 있다. 설령 차르가 부도덕한 일을 저지르더라도 신하가 차르의 명령에 복종하지 않는다면 그것은 중죄일 뿐 아니라 영혼을 지옥에 떨어뜨리는 짓이다. 신하는 군주를 맹목적으로 따르라는 것이 신의 지엄하신 명령이기 때문이다."

이반 4세는 차르의 권력을 '광기의 정치'로 확대하고자 했다. 신의 대리인인 차르를 거역하는 것은 곧 신을 거역하는 것이라 생각했다. 하지만 이와 같은 광기는 결국 자신의 파멸을 초래했다. 1581년 11월 16일, 임신한 며느리의 복장을 심하게 꾸짖자 아들이 이를 말렸다. 이에 이반 4세는 아들을 쇠몽둥이로 내리쳐 죽였다. 매독으로 인한 비극이었다.

고의적인 매독균 생체실험

매독이 기록에 등장한 것은 15세기 말이다. 당시 이탈리아 전쟁을 계기로 유럽 전역에 매독이 확산했고, 사람들은 다양한 방법으로 매독을 치료하려 했다. 가장 대표적인 치료 방법이 수은이었다.

사람들은 수은을 가열해서 그 증기를 감염된 부위에 쐬어 매독균을 죽이려 했다. 이 방법은 매독만큼이나 고통스러웠고 후유증도 엄청났다. 장기간의 수은 치료로 인해 치아나 머리카락이 빠져 외모가 흉하게 변하기도 했다. 이 때문에 매독 치료를 포기하는 사람도 많았다.

'칼로멜'을 처방받는 사람도 있었다. 수은 화합물인 칼로멜은 염화수은(Hg_2Cl_2)보다 독성이 훨씬 강했다. 때문에 수은 치료보다 부작용이 더욱 심했다. 염화수은에 암모니아수를 가하면 흑색의 수은 입자를 생성하는데, 이는 '아름다운 흑색'이라는 뜻을 지닌 그리스어 'Kalon Melas'에서 유래되었다.

1905년에 드디어 매독균이 발견되었다. 독일 피부과 의사 에리히 호프만(Erich Hoffmann)과 프리츠 샤우딘(Fritz Schaudinn)은 매독을 유발하는 스피로헤타(Spirochaetales)를 발견했다. 그리고 1906년에 독일 세균학자 아우구스트 바이스만(August

Wassermann)은 매독을 진단하는 혈청 반응법을 개발했다. 그의 진단이 성공하면서 매독을 치료하려는 시도는 더욱 활기를 띠었다.

독일 세균학자이자 화학자 파울 에를리히(Paul Ehrlich)는 '피마자'에 관심을 가졌다. 그는 피마자의 수용성 독성 성분인 식물성 단백질 리신(Ricin)을 실험동물에게 주입하면, 독성이 혈액을 따라 중화된다는 것을 발견했다. 그래서 시간 간격을 두고 독소 양을 늘리면서 특정 세균에 효과를 지니는 화학요법제를 개발했다.

에를리히는 각 질병을 유발하는 특이한 원인을 해결하면 질병을 치료할 수 있다고 믿었다. 따라서 질병의 원인인 세균만 골라서 죽이는 화학물질을 합성하려고 노력했다.

그는 동물실험을 통해 항독소가 독소와 반응하는 사실을 알게 되었다. 따라서 세균의 표면에 결합하는 화학물질을 만든다면 그 물질이 세균의 활동을 억제할 것으로 생각했다. 다시 말해 감염체에는 반응하지만 환자의 세포에는 반응하지 않는 화학물질을 발견하려 했다. 에를리히는 이를 '마법의 탄환(Magic Bullet)'이라고 불렀다.

마법의 탄환을 만들기 위해 그는 비소(As)를 선택했다. 원자번호 33번에 해당하는 비소는 역사에 기록된 바에 따르면

B.C.E 4세기경부터 등장한다. 이 시기에 아리스토텔레스는 붉은 황색을 띤 비소 화합물을 '계관석'이라고 불렀다. 계관석은 아라비아어로 '광산의 가루'라는 단어에서 유래한다. 주성분은 비소와 황이며 화산 지대에서 주로 산출된다. 불에 넣으면 흰 연기를 내기 때문에 염소산칼륨($KClO_3$)과 섞어 불꽃으로 사용한다.

에를리히는 다른 조합의 비소 화합물을 900번 이상 실험했다. 그리고 606번째 화합물이 매독균에 효과적이라는 사실을 발견했다. 그는 기니피그와 토끼를 대상으로 임상실험을 반복했고 매독을 치료할 수 있었다. 606번째 화합물은 생명을 구하는 비소라는 뜻의 '살바르산'이라 이름 붙었다. 최초의 화학요법제로, 인체에 별다른 해를 끼치지 않고 병원체만 골라 죽일 수 있는 마법의 탄환이 되었다.

1928년에 영국의 미생물학자 알렉산더 플레밍(Alexander Fleming)이 최초의 항생제인 페니실린을 발견했다. 플레밍은 실험을 위해 포도상구균을 배양하고 휴가에서 돌아와보니 포도상구균에 곰팡이가 생긴 것을 발견했다. 그는 세균을 녹여버린 이 곰팡이에 흥미를 가지고 이를 연구해서 페니실린을 발견했다.

페니실린 역시 매독에 효과적이었다. 초기에는 페니실린

주사로 매독을 치료할 수 있었기 때문이다. 페니실린이 발견되기 전까지는 살바르산이 효과적인 매독 치료제로 사용되었고, 지금은 초기 매독에 페니실린을 사용하고 있다. 그리고 마법의 탄환을 찾으려는 시도도 여전히 계속되고 있다.

그런데 20세기 초 백인 우월주의를 토대로 미국 사회를 경악에 빠뜨린 사건이 발생한다. 앨라배마주 중동부에 있는 터스키기는 흑인 교사 훈련을 위해 기술학교가 설립된 지역이다. 흑인 리더이자 교육가인 부커 워싱턴(Booker Washington)이 기술학교를 설립했다.

1932년에 미국 연방공중보건국(United State Public Health Service)은 이 지역에 살고 있던 흑인을 대상으로 생체실험을 시행했다. 이 실험의 중요한 목적은 매독을 치료하는 일이었다. 좀 더 자세히 말하자면, 매독을 제때 치료하지 않고 자연 상태에 방치하면 어떻게 되는지 살펴보기 위함이었다.

매독에 걸리면 초기에는 피부 궤양이 발생하는데 대부분 통증이 없다. 이 시기의 매독 증상은 저절로 호전되는 경우가 많다. 그러다가 6개월 정도 지나면 손바닥 혹은 발바닥에 피부 발진이 발생한다. 2기 증상이다. 이후 매독 증상이 겉으로 나타나지 않는 잠복 감염 상태로 진행되고, 3기 매독의 경우 눈이나 심장, 간 등 다양한 장기로 매독균이 침범한다. 매독

렘브란트 반 레인, 〈게라르트 데 라이레세의 초상화〉, 1665-1667년 작품. 빛의 명암을 대조적으로 사용했던 렘브란트의 다른 그림들과 달리, 이 초상화는 상당히 어두운 분위기를 보여주고 있다. 초상화의 주인공인 게라르트 데 라이레세(Gerard de Lairesse)는 매독을 앓고 있었다.

환자와의 성적 접촉을 피하는 것이 가장 확실한 예방법이고, 감염 초기라면 페니실린을 맞는 것으로도 치료 가능하다.

이렇게 치명적이고 끔찍한 질병인 매독을 제대로 치료하지 않고 방치한 채 관찰한다는 것도 놀라운데, 더 놀라운 것이 있다. 당시 실험 대상자 가운데 그 누구도 생체실험의 목적을 몰랐다는 사실이다.

터스키기 생체실험의 대상자는 600명으로 대부분 가난한 소작농이었다. 연방정부는 그들에게 '흑인을 대상으로 무료 건강관리를 해주는 것'이라고만 설명했고, 매독에 걸린 환자에게는 '나쁜 피(Bad Blood)'라는 병을 치료해준다고 속여 동의서를 받았다. 당시 600명의 실험 대상자 가운데 399명은 매독 환자였고, 201명은 매독에 걸리지 않은 사람들이었다.

그러나 초기 매독을 치료할 수 있는 페니실린을 접종받은 사람은 단 한 명도 없었다. 이미 1943년에 페니실린이 개발되었지만 의도적으로 치료하지 않은 것이다. 이들에게 제공된 것은 그저 진통제와 비타민뿐이었다. 1973년까지 약 40년 동안 지속된 이 생체실험으로 7명이 매독으로, 154명이 합병증으로 사망했다.

백색 가운의 악마, 존 커틀러

이 끔찍한 생체실험의 주동자는 누구일까? 미국 연방공중보건국 소속의 의사 존 커틀러(John Cutler)였다. 매독을 연구하고 있던 그는 생체실험을 위해 터스키기를 방문했다. 이 지역의 흑인들에게 무료 건강검진과 의료봉사를 해준다고 속인 다음, 연구에 필요한 자료들을 얻었다. 일부 기록에 따르면, 커틀러는 매독균을 얻기 위해 마취도 하지 않은 채 환자의 뇌척수액을 추출했다고 한다.

그는 더 많은 생체실험을 위해 과테말라로 이동해 교도소 관계자를 매수한 다음 생체실험을 했다. 커틀러의 생체실험에 동원된 사람의 수는 무려 5천 명 이상으로 추정된다. 이곳에서 그는 죄수들에게 매독에 감염된 여성과 강제로 성관계를 하도록 해 매독을 확산시켰고, 생체실험에 정신질환자나 고아를 이용하기도 했다.

그래서 많은 전문가들은 그를 나치 생체실험 담당자인 요제프 멩겔레, 731부대 사령관인 이시이 시로와 더불어 '3대 백색 가운의 악마'로 규정하고 있다.

커틀러는 백인 우월주의를 바탕으로 불법적이고 비윤리적인 생체실험을 하고, 매독 실험의 과정과 결과를 정기적으로 의학저널에 보고했다. 놀라운 사실은 당시 어느 누구도 터스키기 생체실험을 둘러싼 비(非)윤리성에 의문을 제기하지 않았다는 점이다. 그러다가 미국 연방 공중보건국 소속 직원인 피터 벅스턴(Peter Buxtun)이 언론에 제보함으로써 이 사실이 미국 전역에 알려졌고 사회 이슈로 부상했다.

'3대 백색 가운의 악마' 중 한 명인 존 커틀러.

터스키기 생체실험은 중단되었고 청문회가 열렸다. 하지만 당시 생체실험에 참여했던 의사들은 자신의 잘못을 전혀 인지하지 못했다. 이들은 "어차피 죽을 사람인데 의학 발전에 기여하는 것이 더 낫지 않냐"고 반문해 수많은 사람들의 공분을 샀다.

이후 1997년에 빌 클린턴(Bill Clinton) 대통령은 터스키기 생체실험 생존자와 수많은 사망자에게 공식적으로 사과했다. 극단적인 백인 우월주의와 그로부터 파생된 인종차별로부터 발생한 비극적인 사건이었다.

인공지능의 열풍 속 기대되는 새로운 생체실험

많은 사람들이 생체실험을 '살아 있는 인간을 대상으로 시행하는 비인간적이고 반인륜적인 행위'라고 생각한다. 나치의 홀로코스트, 731부대의 마루타, 그리고 터스키기 사건은 이를 상징하는 대표적인 현상이다. 그런데 생체실험에는 이와 같은 부정적인 측면만 있을까? 갈레노스나 베살리우스, 하비의 해부학과 생체실험은 지식과 정보의 축적을 통한 의학 발전이라는 측면도 분명히 존재한다.

과학기술이 급속하게 발전하는 오늘날 사회에서 모든 산업은 IT에 의해 변화한다. 인공지능이나 빅데이터는 더 이상 일부 학문에만 국한된 용어가 아니다. 2017년 11월, 애플사는 아이폰 8을 출시했다. 이 스마트폰이 많은 사람들에게 각광을 받았던 이유는 한 가지 기능 때문이었다. 바로 안면인식을 통한 생체 인증 방식이다.

생체 인증은 개인마다 전부 다른 지문이나 홍채, 혈관 등 생체 정보를 추출해 정보화시키고 이를 통해 인증하는 방식이다. 이후 생체 인증은 급속히 확산하기 시작했고, 컴퓨터의 가장 중요한 업무가 사람을 기억하고 그 사람에 대한 정보를 계산하는 것으로 변화했다. 넓은 관점에서 본다면 이러한 생체 인증은 생체실험의 한 가지로 볼 수 있을지도 모른다.

이미 몇 해 전부터 인공지능이 동물실험을 대체했다는 기사들을 볼 수 있다. 화학물질이 인체에 미치는 독성을 예측하는 실험에서 인공지능을 활용한 실험이 동물실험보다 정확하다는 것이다. 만약 이러한 실험이 상용화된다면 동물실험에서 사용되는 실험동물의 희생을 크게 줄일 수 있다. 2017년 통계에 따르면, 우리나라의 실험동물은 약 308만 마리로 추정된다.

캘리포니아 대학 연구팀에서는 문장만 떠올려도 텍스트로 변환하는 뇌 임플란트 인공지능 기술 개발에 성공했다.

일론 머스크(Elon Musk)의 벤처회사 뉴럴링크는 뇌에 컴퓨터 칩을 이식받은 돼지의 모습을 공개했다. 인간의 뇌에 컴퓨터 칩을 심으려는 생체실험을 돼지에게 먼저 시행한 것이다.

전문가들은 이 생체실험이 성공한다면 알츠하이머, 파킨슨병, 간질 등 뇌손상 환자들을 치료하는 계기가 될 것이라고 기대했다.

물론 뇌 신호를 해석하는 알고리즘 개발이나 칩 주변의 조직 손상 등 해결해야 할 과제들이 산더미다. 그럼에도 불구하고 인공지능은 생체실험의 미래를 잘 보여주는 사례다.

이러한 점에서 본다면 미래 사회에서는 인공지능이 생체실험을 대체할 가능성이 크다. 광범위한 분석 알고리즘을 통해 과거 동물실험이나 생체실험에서 저지를 수 있었던 실수나 실패를 줄이고, 오랫동안 인류 역사 속에서 희생양이 되었던 수많은 사람들의 목숨을 보호하고 인권을 향상시키기 위한 하나의 노력이 될 수 있다.

인공지능을 활용한다면 지금까지 생체실험을 둘러싸고 반복적으로 제기되어 왔던 윤리성 논란도 새로운 국면에 직면할 것이다. 그야말로 '인공지능의 열풍' 속에 살고 있는 오늘날, 우리는 새로운 형태의 생체실험을 기대할 수 있다.

김서형

세계사를 뒤흔든 5가지 생체실험

초판 1쇄 발행 2024년 7월 23일

지은이 | 김서형
펴낸곳 | 믹스커피
펴낸이 | 오운영
경영총괄 | 박종명
편집 | 김형욱 최윤정 이광민
디자인 | 윤지예 이영재
마케팅 | 문준영 이지은 박미애
등록번호 | 제2018-000146호(2018년 1월 23일)
주소 | 04091 서울시 마포구 토정로 222 한국출판콘텐츠센터 319호(신수동)
전화 | (02)719-7735　　팩스 | (02)719-7736
이메일 | onobooks2018@naver.com　　블로그 | blog.naver.com/onobooks2018
값 | 18,500원
ISBN 979-11-7043-553-2 03900

* 믹스커피는 원앤원북스의 인문·문학·자녀교육 브랜드입니다
* 잘못된 책은 구입하신 곳에서 바꿔드립니다.

* 믹스커피는 독자 여러분의 소중한 아이디어와 원고 투고를 기다리고 있습니다.
원고가 있으신 분은 onobooks2018@naver.com으로 간단한 기획의도와 개요, 연락처를 보내주세요.